LUIS ANTONIO GOKIM KARDINAL TAGLE

Gott

LUIS ANTONIO GOKIM KARDINAL TAGLE

Gott

Vom Wagnis der Hoffnung

Aus dem Italienischen von Gabriele Stein

HERDER

FREIBURG · BASEL · WIEN

Titel der zugrunde liegenden Ausgabe:
Il rischio della speranza
Come raccontare Dio ai nostri giorni

Titel der Originalausgabe:
The Risk of Hope. How to Talk about God in the World Today

MIX
Papier aus verantwortungsvollen Quellen
FSC® C083411

Als deutsche Bibelübersetzung ist zugrunde gelegt:
Die Bibel. Die Heilige Schrift des Alten und Neuen Bundes. Vollständige deutschsprachige Ausgabe
DIE BIBEL

Satz: de·te·pe, Aalen
Herstellung: CPI books GmbH, Leck

Printed in Germany

ISBN Print 978-3-451-38028-0
ISBN E-Book 978-3-451-81278-1

Inhalt

I.

Das Wagnis, Gott zu sagen

Wir befinden uns auf der Zeugnisvergabefeier einer Schule für Theologie. Aber was genau habt ihr eigentlich studiert? Was ist Theologie? Was haben wir euch auf dieser Schule beigebracht? Und worin besteht die Aufgabe dieser Einrichtung, die sich Schule für Theologie nennt?

Mich hat der Artikel eines kanadischen Dominikaners beeindruckt, Jacques Lison, der schreibt: »*La préoccupation essentielle de la théologie est de dire Dieu*«; das wesentliche Anliegen der Theologie besteht darin, »Gott« zu sagen. Diese Aussage beeindruckt mich, weil wir normalerweise zu hören bekommen, dass die Theologie *von* Gott spricht oder dass sie *über* Gott forscht. Lison dagegen erklärt: »Nein, die Aufgabe der Theologie, das Grundanliegen der Theologie besteht darin, ›Gott‹ zu sagen.« Ich frage mich, ob es das ist, was ihr gelernt habt, was wir euch beigebracht haben. Besteht die Aufgabe der *Loyola School of Theology* (LST) und anderer Schulen für Theologie wirklich darin, »Gott« zu sagen?

Die Theologie ist kein Sprechen *von* Gott. Sie ist auch Doxologie. Sie ist eine mystische Wirklichkeit. Sie ist Einsicht. Sie ist Kontemplation. Sie ist Teilhabe an Gott. »Keiner«, erklärt der heilige Paulus, »kann sagen: Jesus ist der Herr!, außer im heiligen Geist« (1 Kor 12,3), und: »Weil ihr aber Söhne seid, sandte Gott den Geist seines Sohnes in unsere Herzen, der ruft: Abba, Vater.« (Gal 4,6) Wenn also die Theologie etwas damit zu tun hat, »Gott« zu sagen, dann muss sie in erster Linie ein Handeln des Geistes sein – und ein Handeln der Menschen, die bereit sind, sich dem Geist so zu öffnen, dass sie Gott sagen können.

Ich denke doch, dass ihr – die Absolventen, die derzeitigen und die zukünftigen Studenten der LST – vielerlei Arten des »Gott-Sagens« gehört habt. Nicht nur, weil jeder

Theologieprofessor eine bestimmte Theologie anwendet, sich auf einen bestimmten Denkhorizont bezieht oder seine ganz eigene Art hat, Gott zu sagen, sondern auch, weil ihr durch die verschiedenen Lehrveranstaltungen in die große Tradition der Kirche eingeführt worden seid – der Kirche, die ihr eigenes Leben weitergibt. Die Theologie steht immer im Dienst der Kirche.

Ihr habt ganz sicher unzählige Arten des Gott-Sagens gehört und gesehen, die im Laufe der Kirchengeschichte eine Rolle gespielt haben. Ich selbst schöpfe noch immer aus dem großen Reichtum dessen, was ich als Student hier vor etwa 25 Jahren von meinen Professoren gelernt habe. Jetzt aber möchte ich selbst hier und da etwas hinzufügen – neue Arten, Gott zu sagen. Ich möchte euch auf einige Etappen in der Kirchengeschichte aufmerksam machen, wie sie in einer Untersuchung von Peter Schineller SJ dargestellt werden.

Wer sagt Gott? Wo? Für wen? Mit wem? Und wie?

Früher waren es an den Seminaren ausschließlich männliche Professoren in ihren schwarzen Talaren, die Gott gesagt haben. Dann durften nach und nach auch die Dozenten und Dozentinnen Gott sagen. Ich habe ein Foto von der ersten Studierendengruppe der LST gesehen: Eine einzige Frau war dabei, Vicky Palanca, eine freundliche junge Schwester vom Unbefleckten Herzen Mariens. Heute gibt es neue Stimmen, die Gott zu sagen wagen. Diese neuen Stimmen bringen Gott von ihren Welten, ihren Erfahrungen und ihren je besonderen Sensibilitäten aus zum Ausdruck; und sie entwickeln vielfältige Arten, Gott zu sagen.

In der Urkirche waren die Bischöfe, war der Episkopat dafür zuständig, Gott zu sagen. In der Folgezeit wurde die monastische Welt der Ort, wo man Gott sagte. Noch später wurden die großen Universitäten und, nach dem Konzil von Trient, die Seminare zu den Orten, an denen man Gott sagte. Alle diese historischen Etappen haben sich größtenteils in Europa abgespielt; Gott musste in Europa gesagt werden. Heute sind es viele Orte, die Gott sagen. In jedem Land kann man Gott sagen. Selbst in kleinen Dörfern und in kirchlichen Basisgemeinschaften wird Gott gesagt.

In der Urkirche sagte man Gott, um die Heiden und die Irrlehrer zu bekehren, damit sie Gott anerkannten und dem wahren Glauben folgten. Später betrieb man an den Seminaren Theologie für die zukünftigen Kleriker. Heute sagen wir Gott für die Opfer der Gesellschaft, für die Unpersonen, für die Vergessenen. Für sie sagen wir Gott: um ihnen die Gewissheit zu geben, dass da einer ist, der sie nicht vergisst. Laut David Tracy wendet die Theologie sich heute an viele Zielgruppen und somit an unterschiedliche Hörerschaften: Man sagt Gott und wendet sich an die Kirche. Man sagt Gott und wendet sich an die Universität. Man sagt Gott und wendet sich an die Gesellschaft.

Früher trieb man Theologie mithilfe der Philosophie. Heute ist es interdisziplinärer angelegt. Heute müssen wir – und das gilt auf allen Ebenen: sowohl innerhalb der Kirche, um unsere Tradition und unsere Geschichte besser zu verstehen, als auch *ad extra* – mit den Humanwissenschaften Gott sagen. Vor allem müssen wir so Gott sagen, dass die sozialen, ökonomischen, politischen und kulturellen Lebenswirklichkeiten der Völker einbezogen werden. Mit alledem sagen wir Gott.

Früher sagte man Gott mit der sogenannten Denzinger-Methode: Du hattest eine These. Du wusstest Bescheid über die biblischen Grundlagen. Du kanntest die Lehren der Konzilien und der Väter und fügtest hier und da eine Kleinigkeit hinzu. Und hattest so Gott gesagt. Seither ist die Art, Gott zu sagen, immer mehr historisiert worden. Man versucht kritische Korrelationen herzustellen. Einige engagieren sich nicht nur in der Orthodoxie, sondern auch in der Orthopraxie. Heute gibt es viele verschiedene Arten, Gott zu sagen.

Ihr habt eine Einführung in diese vielfältigen Arten erhalten. Unsere Schule für Theologie ermutigt uns natürlich, zu dieser lebendigen Vielfalt von Arten in Kontakt zu treten, die sämtlich im Dienst der Kirche, ihres Lebens und Sendungsauftrags stehen. Zum Teil besteht das Ziel der LST darin, Männer und Frauen darauf vorzubereiten, dass sie auf eine Weise Gott sagen können, die für ihr jeweiliges Umfeld Bedeutung hat und ihren Charismen und Berufungen entspricht.

In unserer Zeit dieses Wagnis eingehen

Wir sind sicher, dass das, was wir euch Studenten geboten haben, nicht erschöpfend ist, doch kostbar ist es allemal. Es mag sogar geschehen, dass ihr die *Loyola School of Theology* und die Arten, wie eure Professoren Gott sagen, vergesst – doch das Gott-Sagen selbst vergesst bitte nicht, denn sonst wird es auch die Welt vergessen und denken, Gott sei überflüssig. Wichtiger, als sich an die jeweiligen Arten des Gott-Sagens zu erinnern, ist vielleicht, dass man es tut: dass man Gott sagt, weil man davon überzeugt ist, dieses Wagnis in unserer Zeit eingehen zu müssen. Gott zu sagen ist nicht leicht. Es ist ein großes Risiko. Erlaubt mir, euch einige wenige Anhaltspunkte zu geben:

Die heutige Welt befindet sich in einem Globalisierungsprozess, bei dem es sich genaugenommen um eine elitäre Globalisierung handelt. Nicanor Perlas[1] sagt, diese elitäre Globalisierung sei de facto ein gnadenloses Wachstum: *paglago na walang puso*, ein »Wachstum ohne Herz«. Es ist ein Wachstum ohne Zukunft, weil es keine Arbeitsplätze bietet. Es ist ein Wachstum ohne Wurzeln, weil es uns von den Wurzeln unserer Werte und unserer Traditionen abschneidet. Und es ist ein Wachstum ohne Sinn, weil die Menschen oft seinetwegen die Orientierung im Leben verlieren. Angesichts dieser Probleme versucht die Welt uns davon zu überzeugen, dass wir – im Namen des Profits und der Wettbewerbsfähigkeit – unseren Nächsten, ja Gott vergessen sollen. Es ist nicht leicht, in einer Welt, die den Nächsten vergessen will, Gott zu sagen. Wenn wir die Menschen um uns herum vergessen, sind wir nicht mehr imstande, Gott zu bekennen. Wir hoffen jedoch, dass euch eure Ausbildung an dieser Schule für Theologie gelehrt hat, wie man auf eine Art Gott sagt, die Bedeutung hat.

Ich bitte euch, weiterzumachen, wie ihr es von uns gelernt habt, und mit den Kleinen dieser Welt Gott zu sagen, mit jenen, die die Globalisierung vergessen und verleugnen will. Lernt von den Vergessenen. Lernt von den

---

1 Nicanor Perlas (*1950) ist philippinischer Politiker, Aktivist und Umweltschützer. 2003 wurde er mit dem *Right Livelihood Award* (auch als »Alternativer Nobelpreis« bekannt) geehrt und trat 2010 als Kandidat bei den Präsidentschaftswahlen an.

Unpersonen. Lasst euch von ihnen zeigen, wie man Gott sagt.

Als ich zum Bischof geweiht wurde, hatte die besondere Messnovene, die *Simbang Gabi*[2] genannt wird, bereits begonnen. Nach der Eucharistiefeier in der Kathedrale begrüßte ich die Menschen am Ausgang der Kirche. Da sah ich, dass einige Kinder, die Blumen verkauften, den Menschen im Weg standen, die die Kathedrale verlassen wollten. »*Bulaklak po! Bulaklak! Bulaklak!*« (Blumen! Blumen! Blumen!). Laut rufend und in vollem Ornat lief ich hinter ihnen her, bis wir an die Straße kamen. Ich rief diesen Kindern zu: »Hört doch, wir wollen euch nicht daran hindern, Blumen zu verkaufen, aber wir müssen ein bisschen für Ordnung sorgen! Ihr könnt die Blumen hier am Gitter verkaufen, die Leute, die in die Kirche hinein- und hinausgehen, kommen auf jeden Fall dort vorbei.«

Die Kinder standen vor mir und zitterten vor Angst. Ich wandte mich an das größte Mädchen: »Du! Wie alt bist du?« »Vierzehn«, antwortete sie scheu. Ich erwiderte: »Also, du bist vierzehn Jahre alt! Ist das, was ich sage, schwierig zu verstehen? Was könnt ihr hier verkaufen und drüben nicht?« Und sie antwortete: »Nein, ich hab's verstanden.«

Dann wandte ich mich an den kleinsten Jungen, der wirklich sehr schmutzig aussah. »Du! Wie alt bist du?« Er sah zu mir hoch, lächelte und antwortete: »Sieben.« Ich sagte zu ihm: »Du bist sieben Jahre alt! Verstehst du, was ich sage?« Und da umarmte er mich. Er war so klein, dass seine Hände kaum bis zu meiner Taille hinaufreichten. Er

2 Diese Messen, an denen die Filipinos scharenweise teilnehmen, werden in der Morgendämmerung gefeiert und dienen der Vorbereitung auf das Weihnachtsfest.

umarmte mich, und dann lächelte er wieder, es war das süßeste Lächeln, das man sich vorstellen kann. Er fing an, mir den Rücken zu streicheln, und sagte freundlich: »Father, *Obispo ka na. Obispo ka na!*« (Father, jetzt bist du Bischof!). Ich stand still und sagte: »Ja.« Gott rief mich von Neuem und trug mir auf, diesen Kindern auf mitfühlende Weise Gott zu verkünden.

Ich habe als Kind nie Blumen verkauft und es hat mir an nichts gefehlt. Ich musste einfach nur zur Schule gehen. Diese Kinder müssen jeden Tag, auch sonntags, arbeiten, damit sie überhaupt etwas haben. Ich war hingegangen und hatte Gesetze und Regeln aufstellen, für Ordnung und Sauberkeit sorgen wollen. Und dieser kleine Junge sprach ein Wort, das mich mitten ins Herz getroffen hat, mitten in meine Identität.

Ich blieb noch eine halbe Stunde in meinen feierlichen Messgewändern bei den Kindern am Gitter stehen, und es war wunderschön, mit ihnen zu reden. Sie brachten mir bei, Gott zuzuhören und Gott zu sagen.

Am darauffolgenden Samstag war ich nach Mendez in Cavite eingeladen, um in der Gemeinde, in der ich meine erste Kaplan- und später auch Pfarrstelle gehabt hatte, eine Kapelle zu segnen. Father Reddy Corpuz, der mir in der Leitung der Pfarrei nachgefolgt war, schlug mir vor, die Gelegenheit zu einem Pastoralbesuch zu nutzen: keiner amtlichen Visitation, bei der der Bischof die Bücher und Konten einsieht, sondern nur einem freundschaftlichen Besuch. Ich sagte zu, denn für mich war das auch eine Gelegenheit, meine ehemaligen Gemeindemitglieder wiederzusehen.

Als ich am Standort der neuen Kapelle ankam, spielte eine Musikgruppe und man überreichte mir einen großen Schlüssel der Stadt. Beim Betreten der Kapelle entdeckte ich die ältere Frau, die 1982 für uns gesorgt hatte. Nach der Messe hatte sie uns immer Kaffee und *Pan de sal*[3] serviert. Ich ging auf sie zu und scherzte: »*Lola Juana! Buhay pa pala kayo!*« (Oma Juana! Du lebst ja noch!). Sie ergriff meine Hand und sagte: »Dass Sie sich noch an mich erinnern! Dass Sie meinen Namen noch wissen!« Dann sagte sie: »Ich sterbe an Krebs. Ich lebe seit Jahren nicht mehr hier, ich wohne jetzt in Manila, da habe ich das Krankenhaus in der Nähe. Aber als ich gehört habe, dass Sie Bischof geworden sind und hierherkommen würden, habe ich meine Enkel gezwungen, mich herzubringen.« Und sie fügte hinzu: »Das war es wert, die Reise und die ganzen Schmerzen. Sie haben mich wiedererkannt, sie wissen noch, wie ich heiße.« Noch immer hielt sie meine Hand, sie drückte sie an ihre Brust und sagte: »Beten Sie zu Gott, beten Sie, dass er mich heilt.« Innerlich protestierte ich: »Ich kann dich nicht heilen. Ich kann es nicht!« Doch Oma Juana sah mich so voller Glauben an, in der unerschütterlichen Überzeugung, dass Gott sie durch diesen schwachen Bischof auf irgendeine Weise erhören würde.

Am Ende der Messe war es mir unmöglich, die Kapelle zu verlassen. Die Menschen drängten sich um mich: von vorne, von hinten, von rechts, von links, sogar von oben. Selbst unter mir war ein kleines Kind zwischen all die Beine geraten. Ich bat die Gläubigen: »Bitte, macht doch Platz für dieses Kind!« Da sagte eine ältere Frau: »Verzeihen Sie, Herr Bischof! Aber Sie sind der erste Bischof, den ich je gesehen habe, und wahrscheinlich auch der letzte. Halten Sie mich bitte nicht davon ab, diese Chance zu nutzen.«

---

3 Das typische philippinische Brot: ein kleines, rundes, weiches, leichtes und trotz seines Namens eher süßes Brötchen. (*A. d. R.*)

Auf diese einfachen Arten sagten die Leute Gott. Und ich konnte es fast nicht glauben.

Die Theologie sagt, dass der Bischof die volle Weihegewalt besitzt. Auf der Bischofssynode des Jahres 2001 über den »Bischof als Diener des Evangeliums« ist mehrmals vom Bischof als einer *Apparitio Dei* (Erscheinung Gottes) und *Visitatio Dei* (Besuch Gottes) die Rede gewesen. Das ist ein Prinzip, das die Menschen sozusagen dazu auffordert, auf mich zu blicken, sich auf mich zu konzentrieren. Ganz sicher werde ich darüber nie eine Vorlesung halten! Wenn ich das in meinen Lehrveranstaltungen behandeln wollte, müsste ich zuerst zurücktreten! Aber ich muss auch hören, wie das Volk Gott sagt: Es sagt Gott, wenn es mir auf die Schulter klopft oder meine Hand ergreift. Es verkündet ihn, wenn es sagt: »Jetzt bist du Bischof« oder: »Dir zu begegnen, ist ein einmaliges Erlebnis, das wird sich nicht wiederholen.«

Lernt von den Leuten, von den Vergessenen, von eurem Nächsten. Denkt daran, dass *unsere* Art, Gott zu sagen, nicht *die einzige* ist. Lernt von den anderen. Lernt von den Opfern sinnloser Gewaltakte und Leiden. Lernt, wie sie Gott sagen und hoffen. Lernt von dem, den das Paradox, Gott zu sagen, an seine Grenzen bringt und dem es auch nicht immer gelingen will, der es aber niemals vergisst. Lernt von ihnen.

Eines der kostbarsten Geschenke, das ich zu meiner Priesterweihe erhalten habe, ist eine Sammlung von Briefen, die Pawel Florenski an seine Frau und andere Angehörige geschrieben hat. Florenski war ein russisch-orthodoxer Priester, Mathematiker, Philosoph, Künstler, Theologe, Patriarch. Er starb den Märtyrertod. Er war jahrelang in den sowjetischen Arbeitslagern inhaftiert und wurde am

8. Dezember 1937 in der Nähe von Leningrad getötet. In seinen Briefen sagt Vater Pawel Gott im Namen der vielen Opfer der Gesellschaft. Erlaubt mir, euch zum Abschluss dieses meines Beitrags einige Abschnitte von Florenski vorzulesen.

Am 3. Oktober 1933 schreibt er an seine Frau: »Ich denke immer an dich und allein dafür lebe ich. Ich mache mir entsetzliche Sorgen, weil ich nicht eine Zeile von dir erhalten habe. Ich weiß nicht, wie du lebst und wovon. Wie geht es deiner Mutter? Und meiner? Erinnern sich unsere Kinder noch an mich? Oder haben sie begonnen, mich zu vergessen?« Das ist ein Gebet. Dieser Mann weiß, dass er sein Leben verlieren wird, aber einen Moment lang sagt er Gott, indem er schreibt: »Vergiss mich nicht.«

Am 13. Mai 1937 schreibt er seiner Frau: »Ich küsse dich zärtlich. Nimm dir in diesem Sommer Zeit zum Ausruhen. Geh spazieren, wenn schon nicht im Wald, dann wenigstens über die Felder. Geh spazieren, besonders nachmittags, wenn die Sonne tief steht, und erinnere dich an mich.«

»Erinnere dich an mich« ist eine Art, Gott zu sagen. »Ich bin allein, ich fühle mich von Gott verlassen, vergiss mich nicht.« Daran erinnert uns jene große Persönlichkeit, die ihr ganzes Leben lang Gott gesagt hat, während die, die ihn hörten, daran Anstoß nahmen. Er hat in der Liebe Gott gesagt und ihn *Abba* genannt. Er hat im Schmerz Gott gesagt: »Warum hast du mich verlassen?« Er hat in der Hoffnung Gott gesagt: »In deine Hände lege ich meinen Geist.« Er hat in der Stille des Todes und in der Auferstehung zum Leben im Schoß des Vaters Gott gesagt. Er ist der, der uns wirklich lehrt, wie man Gott sagt.

Und jetzt, liebe Absolventen, macht weiter und sagt Gott mit all den Freuden, den Schmerzen und den Risiken, die zu diesem Unterfangen dazugehören. Macht weiter und sagt Gott mit all den Lobgesängen und all den Wehklagen, die unterwegs aufkommen. Macht weiter und sagt Gott mit all dem Stillschweigen, das dieses Mysterium erschafft und hervorruft. Macht weiter …

II.

Am Brunnen von Sychar

Ich möchte über die *Ausbildung* nachdenken. Was bedeutet dieses Wort eigentlich? Was beinhaltet es? Was bedeutet Ausbilden für uns, die als Priester und/oder Ordensleute in der Ausbildung am Seminar oder in der Weiterbildung beschäftigt sind? Was bedeutet es, wenn man jemanden ausbildet oder ihm hilft, sich zu bilden, damit er eine Funktion, ein Dienstamt übernehmen kann?

Dieser Themenbereich ist sehr weit gefasst. Auf der außerordentlichen Bischofssynode, die im Oktober 2012 zu Ende gegangen ist, hat ein Bischof gesagt: »Wir verwenden neun bis zehn Jahre darauf, die Priester auszubilden, die Seminaristen darauf vorzubereiten, dass sie Geistliche werden. Und trotz dieser langen Zeit haben wir keinerlei Gewissheit, dass aus ihnen gute Seelsorger werden.« Und dann hat er gefragt: »Welche Ausbildung bieten wir den Menschen, die sich auf die Ehe vorbereiten?« Er ließ durchblicken, dass man sich ohne Ausbildung auch nicht wundern muss, dass so viele Ehen scheitern. Das ist eine Herausforderung für die Kirche. Wir wollen, dass die Ehe Erfolg hat, aber welche Ausbildung bieten wir an? Da ist es wieder, das Problem der Ausbildung. Was heißt ausbilden?

Auf einem seiner letzten Treffen mit einigen Bischöfen hat Papst Benedikt den Anwesenden sinngemäß folgende Frage gestellt: »Wer oder was sind die Kräfte, durch die die Kultur in euren Ländern in der Hauptsache gestaltet wird? Sie sind es, die unsere Jugendlichen bilden.« Wir müssen die wichtigsten Kräfte benennen, die die Kultur antreiben oder schmieden. Vielleicht können wir von ihnen lernen. Sie bilden oder, so sagen wir manchmal, verbilden die Jugendlichen. Sie besitzen die geheime Formel, um die Köpfe und die Herzen zu beeinflussen. Die Jugendlichen werden schon beeinflusst, ehe sie die Veränderungen, die sich in ihrem

Denken und in ihren Wertesystemen abspielen, überhaupt wahrnehmen. Man muss sich bewusst machen, wie mächtig die Medien, die sozialen Kommunikationsmittel sind, wenn es darum geht, den Verstand und das Herz zu formen.

Wir müssen den gesamten Bereich der Bildung überdenken und überarbeiten. Wir müssen uns auch unbequeme Fragen stellen: »Sind unsere Seminare wirklich ›Bildungsstätten‹?« Und mit Blick auf die derzeitigen Strukturen müssen wir uns fragen: »Was für eine Art von Bildung bieten sie? Inwiefern verändern sie die Köpfe und die Herzen unserer Seminaristen? Und was für einen Typus von Priestern oder Ordensleuten bringt unser Bistum, bringt das Klima in unseren Gemeinden, bringt unser *Milieu* hervor?«

Ich möchte nun auf die Abschlussbotschaft der Bischofssynode des Jahres 2012 über die Neuevangelisierung eingehen. Die Botschaft verwendet die biblische Erzählung von der Begegnung zwischen Jesus und der Samariterin am Jakobsbrunnen in Sychar. Es ist eine sehr einfache Erzählung, die uns aber eine Gesamtschau dessen vermitteln kann, was wir unter Neuevangelisierung verstehen. Natürlich kann die Erzählung den Begriff der Neuevangelisierung nicht in all seinen Schattierungen erschöpfend darstellen, aber sie bietet uns eine diskrete und meiner Ansicht nach stichhaltige Orientierung zum Thema der Ausbildung der Priester und künftigen Priester.

Wir kennen die Geschichte, die in Johannes 4 erzählt wird. Jesus kommt zum Brunnen. Er war mit seinen Jüngern unterwegs. Am Brunnen hält er an. Die Samariterin kommt. Jesus bittet sie um Trinkwasser, und die Frau reagiert. Auf diese Weise beginnt ein Gespräch über das Wasser, das lebendige Wasser. Dann sagt Jesus zu der Frau: »Ruf deinen Mann«, woraufhin sie zugibt, dass da kein Mann ist, den sie rufen könnte. Die Samariterin fragt: »Wer bist du? Bist du ein Prophet?« Schließlich offenbart sich Jesus als der Messias. Die Frau vergisst den Wasserkrug und damit den eigentlichen Grund, weshalb sie zum Brunnen gegangen war. Sie eilt zu den Menschen von Sychar, ihrer Stadt. Sie ist zu einer Botin des Evangeliums geworden.

Sehen wir uns an, wie Jesus die Samariterin ausbildet: am Brunnen, nicht in einer Schule für Theologie. Die Ausbildung erfolgt am Brunnen. Die Frau läuft begeistert durch ihre Stadt und verkündet den Leuten: »Ich habe den Messias getroffen.« Und die Bevölkerung bittet Jesus zu bleiben. Er willigt ein, sich zwei Tage lang in Sychar aufzuhalten. Am Ende sagen die Leute zu der Frau: »Zuerst haben wir auf dein Wort hin geglaubt, dass er der Messias ist. Jetzt glauben wir, weil wir ihn gehört haben, weil wir ihn gesehen haben, weil wir ihm begegnet sind.« Sehr wahrscheinlich haben diese Menschen die Gute Nachricht weiterverbreitet.

Eine ganz einfache Geschichte, die wir alle kennen. Aber die Bischofssynode greift sie auf und nimmt sie als Folie für einige zentrale Gedanken über die Neuevangelisierung. Ich werde mich auf fünf Punkte beziehen, um über die Bildung zu sprechen.

Jesus wird als Reisender beschrieben

Er war mit seinen Jüngern unterwegs. Der Beschreibung zufolge war er müde und ausgedürstet. Jesus, der Gesandte Gottes, der Sohn Gottes, das fleischgewordene Wort wird dargestellt wie ein ganz normaler Reisender der damaligen Zeit. Wie so viele andere Brüder und Schwestern, die auf ihrer Lebensreise unterwegs sind, macht er die Erfahrung der Erschöpfung und der Müdigkeit. Der Gesandte des Vaters war kein Außerirdischer, die Seinsweise des Menschen, der müde ist und Durst leidet, war ihm nicht fremd. Jesus kommt – diese Tatsache ist von großer Bedeutung – an den Brunnen, ehe die Frau dort eintrifft. Als ob er sie erwarten würde. Als ob er sie an diesem Ort empfangen wollte. Im nächsten Augenblick wird er der Frau wie ein gewöhnlicher Reisender an einem gewöhnlichen Brunnen zu einer gewöhnlichen Tageszeit – der sechsten Stunde – begegnen. Dieses Bild von Jesus als einem Reisenden, der die Strapazen und Mühen der Reise spürt, ist eine sehr anschauliche Darstellung der Person oder der Gemeinschaft, die einen Sendungsauftrag hat. Es stellt uns den von Gott auserwählten Überbringer der Guten Nachricht vor Augen, der nicht wie ein Eroberer im Triumph, sondern wie ein normaler, unauffälliger Reisender einzieht. Mit dem Bild eines Evangelisierers, der in Triumph Einzug hält, hat dies wenig zu tun.

Die Synode lädt uns ein, die neue Ausdrucksweise und die neue Methode dieser erneuerten Evangelisierung von Jesus zu lernen. Das Unterwegssein mit den Menschen ist nichts Neues. Schon in *Gaudium et spes* heißt es: »Freude und Hoffnung, Trauer und Angst der Menschen von heute, besonders der Armen und Bedrängten aller Art, sind auch Freude und Hoffnung, Trauer und Angst der Jünger Christi.« Das Zweite Vatikanische Konzil vertritt die Auffassung, dass alle, die Christus nachfolgen, auf diese Weise handeln. Und, so dürfen wir hinzufügen, insbesondere die Geweihten, deren Funktion vorrangig darin besteht, zu evangelisieren – zu evangelisieren, indem sie an der Seite des Volkes gehen.

An dieser Stelle muss man sich fragen, ob unsere Seminarausbildung und unsere Weiterbildung der Geweihten diesem Verständnis gerecht werden. Bildung heißt, an der Seite der Menschen zu gehen, es ist ein Synode-Sein im wahrsten Sinne des Wortes, denn *sýn-odos* bedeutet gemeinsam unterwegs sein: gemeinsam mit den Bischöfen und dem Heiligen Vater, den Priestern, den Ordensleuten, den Laien, den Verwaltern. Doch in vielen Kulturen glaubt man, dass jemand, der Seminarist wird, eine Stufe über dem Rest der Menschheit steht. Wer Diakon wird, zwei Stufen. Wer Priester wird, ist dem Himmel schon näher als der Erde … Dann giltst du als einer, der nicht mit den Menschen, sondern mit den Engeln unterwegs ist. Und wenn du erst Bischof wirst, oha! Und jetzt stellt euch vor, was passiert, wenn einer Kardinal wird … Ich erinnere mich, dass ich als Diakon allein von Dorf zu Dorf reiste, um Wortgottesdienste zu halten und die Kommunion auszuteilen. Ich hatte weder Küster noch Ministranten bei mir. Sobald ich zum Priester geweiht worden war, boten sich viele Jungen an, mich zu begleiten, weil sie sich davon ein kostenloses Frühstück oder Mittagessen erhofften. Wenn du zum Gefolge eines Priesters gehörst, kannst du mit dem einen oder anderen positiven Nebeneffekt rechnen. Jetzt, da ich Kardinal bin, behaupten ganz viele Menschen, mit mir verwandt zu sein. Im letzten August war ich in Australien und bin dort einer älteren Dame begegnet, die zu mir sagte: »Eminenz, wir sind verwandt, Sie und ich. Unsere Großmutter ist eine Tagle.« – »Ach ja? Und wie heißt Ihre Großmutter?« Sie nannte mir den Namen. Ich schickte eine SMS an meinen Vater: »Hier sagt jemand, wir seien miteinander verwandt.« Und er schrieb zurück: »Die Dame ist meine Cousine.« Wir waren also tatsächlich verwandt!

Alle wollen mit uns Bischöfen und Kardinälen in Verbindung gebracht werden. Und wenn wir mit diesen kulturell akzeptierten Sitten nicht sehr vorsichtig sind, wenn sie uns zu Kopf steigen, dann wird uns eine solche Kultur zu Priestern formen, die nicht mit dem Volk, sondern in eigener Sache unterwegs sind.

Einmal wartete ich am Flughafen von Hongkong auf ein Flugzeug nach Rom, als mich ein Kaukasier anspricht, einer aus dem Westen. »Sie sind Kardinal Tagle, oder nicht?« – »Ja.« – »Ich sehe Sie immer auf YouTube.« – »Oh, danke.« – »Wohin fliegen Sie?«, fragte er weiter. »Ich bin auf dem Weg nach Rom.« – »Und Sie reisen allein? Wie kommt's?«, fragte er verwundert. »Warum denn nicht?«, entgegnete ich. »Aber Sie sind Kardinal! Haben Sie denn kein Gefolge? Sie können doch nicht wie irgendein beliebiger Fluggast reisen.« Dieser Mann erwartete, dass ich ein Gefolge hatte. Dass ich ein gewöhnlicher Reisender war, schockierte ihn. Vielleicht hätte es ihn beruhigt, wenn ich die ganze Kurie mitgebracht hätte.

Episoden wie diese zeigen uns, dass etwas schiefgelaufen ist. Warum assoziieren die Menschen das Bischofs- und das Kardinalsamt mit nutzlosen Apparaten? Wenn du dich nicht mit ihnen umgibst, dann sehen sie dich an, als hättest du etwas verbrochen. Wenn du allzu normal auftrittst, hat es den Anschein, als hättest du eine Regel verletzt.

Mit-Sein. Wie können wir unseren Seminaristen diesen Grundsatz vom ersten Moment ihrer Ausbildung an vermitteln? Wir müssen uns die Kultur der Seminaristen aus der Nähe ansehen. Geben wir ihnen vielleicht die falschen Signale? Lassen wir die Seminaristen glauben, sie seien eine höhere Kaste? Sie würden mit ihrer Weihe zu Unberührbaren? Das ist der Karrierismus, den die letzten Päpste verurteilt haben. Achten wir auf unsere Sprache. Vielleicht sagen wir unseren Seminaristen immer und immer wieder: »Ihr seid ausersehen, ihr seid die Auserwählten!« Aber so entsteht der Eindruck, als wäre der Rest der Gesellschaft verworfen. Und sie fühlen sich als etwas Besonderes: »Wir sind die Auserwählten.« Und wenn sie einen Laien oder eine Laiin sehen, dann sagen sie: »Der arme Mann, die arme Frau, sie sind nicht von Gott ausersehen, aber ich, ich gehöre zu den wenigen Auserwählten. Herr, ich danke dir, dass ich nicht wie die anderen bin …« Auf diese Weise produzieren wir Pharisäer, erzeugen wir Heuchler. Dann wiederholt sich das Gleichnis.

Ausbildung zur Solidarität, zur Empathie gegenüber den Menschen, zum Verständnis für die Müdigkeit, die sie empfinden. Die Verwirrung des anderen zu verstehen, weil auch wir verwirrt sind. Das Leid des anderen zu verstehen, weil auch wir leiden. Mitfühlend zu sein, statt als Richter aufzutreten. Das ist das Leben in der Gemeinschaft, das Leben im Apostolat, das wir vermitteln müssen. Wir müssen die Kultur in den Seminaren, in den Diözesen überdenken – die gesamte kirchliche Kultur. Bilden unsere derzeitigen Kulturen Reisende und Reisegefährten der Armen und der Erschöpften aus?

Damit könnte ich aufhören. Das ist schon genug. Genaugenommen ist allein das schon ein komplettes Projekt. Ich erlaube mir dennoch, einen weiteren Aspekt hinzuzufügen, ehe ich zum zweiten Punkt übergehe: Jesus geht zum Brunnen, um der Samariterin zu begegnen. Ein Teil unseres Daseins als Mitreisende der Menschen besteht darin, zu wissen, welche Brunnen die Leute aufsuchen, wenn sie müde und erschöpft sind. Kennen wir unser Volk gut genug, um seine Quellen zu benennen?

Einmal habe ich in einem Seminar dieses Bild benutzt und die jungen Teilnehmer gefragt: »Seid ehrlich: Wenn ihr euch müde fühlt und euch nach Sinn und Freude sehnt, aus welchen Brunnen und Quellen schöpft ihr dann?« Es waren Jugendliche aus Manila. Sie haben mir die Orte genannt, und ich gestehe, dass ich beschämt war. Es waren Orte, die ich nicht kannte. Sie hingen alle irgendwie mit Webseiten und Internetcafés zusammen. Ich dachte, ich wäre gemeinsam mit diesen Seminaristen unterwegs, aber das stimmte nicht. Ich kannte ihre Brunnen nicht. Die älteren Seminarteilnehmer – reife Erwachsene, meist Eltern der eigentlichen Seminaristen – wurden unruhig, als ich die nächste Frage an sie richtete: »Kennt ihr Eltern diese Brunnen?« Sie antworteten: »Nein.« Ich fragte die Ehefrauen: »Kennt ihr die Brunnen, die eure Männer aufsuchen, wenn sie sich müde fühlen? Macht es wie Jesus, geht zum Brunnen, ehe sie dort ankommen. Geht hin und trefft sie dort. Wenn der Brunnen ein Kasino oder ein Biergarten ist, stellt euch vor, wie überrascht eure Männer sein werden! Man kommt herein, und die Frau ist schon da: ›Hallo! Schön, dass du da bist! Komm, wir trinken etwas zusammen!‹« Das ist sehr biblisch! Und dann frage ich mich selbst: »Kennen wir Bischöfe die Brunnen, die unsere Priester aufsuchen? Und kennen die Priester die Brunnen, die ihre Bischöfe aufsuchen?«

So lädt die Synode uns ein, die Brunnen ausfindig zu machen, die unsere Leute aufsuchen: die Jugendlichen insbesondere, die Migranten, die Flüchtlinge, die Menschen, die am Ende ihrer Kräfte sind. Setzen wir uns an diese Brunnen, wie Jesus es gemacht hat? Wie sonst sollen wir uns diesen Menschen als Weggefährten vorstellen, wenn nicht dadurch, dass wir ihre Müdigkeit vorwegnehmen und sie an dem Ort treffen, den sie aufsuchen werden?

Jesus hat keine Angst vor dem anderen

Konzentrieren wir uns jetzt auf die Stadt Sychar, wo die Begegnung stattgefunden hat. Der Evangelist Johannes berichtet, dass diese Stadt in Samarien lag, also in feindlichem Gebiet. Wir wissen, dass die Juden und die Samariter sehr wenig gemeinsam hatten. Und doch sehen wir, dass Jesus nicht einfach hindurchreist, sondern dort Rast macht und, als die Einwohner ihn darum bitten, noch zwei Tage länger bleibt. Wenn wir über Jesus als Reisenden sprechen, dann ist es wichtig, auf diesen Ort zu achten, an dem er sich aufhält. Er geht dem feindlichen, von Feinden bewohnten Gebiet nicht aus dem Weg.

Die Synode über die Neuevangelisierung hat daran erinnert, dass viele Teile der Welt heute – gerade für die Christen – wirklich problematisch sind. Wir müssen sogar Feindseligkeiten konstatieren, die sich gezielt gegen den christlichen Glauben richten. Doch die Synode erinnert uns auch daran – ohne die Sünde, die Widersprüche, die Probleme der heutigen Welt zu leugnen –, dass diese Welt noch immer die Welt ist, die Gott geschaffen hat. Gott ist noch immer gegenwärtig, er hat diese Welt nicht verlassen. Also müssen wir uns in dieser Welt engagieren, indem wir nicht nur auf ihre Probleme und ihre Schwächen, sondern auch auf die Zeichen der Hoffnung, auf die Zeichen der Gegenwart Gottes in der Welt achtgeben. Denn in all ihrer Schwäche bleibt sie doch die Welt Gottes. Sie ist dieselbe Welt, in der der Sohn Gottes Fleisch geworden ist, seinen Dienst versehen hat und gestorben ist. Und sie ist auch die Welt, in der der Sohn Gottes von den Toten auferstanden ist. In dieser Welt und nirgendwo sonst ist die Kirche entstanden, hat der Geist geweht und weht er weiterhin. Die Neuevangelisierung lässt uns nicht blind werden für die Probleme. Aber oft sehen wir die Probleme ganz deutlich und bleiben doch blind für die Zeichen der Gegenwart Gottes, für die Chancen, die diese zerrissene Welt uns im Hinblick auf die Evangelisierung bietet.

Denn gerade diese Welt bietet uns Chancen im Hinblick auf die Evangelisierung. Auf der Synode wurde über die unterschiedlichsten Situationen diskutiert. So ist in einigen Teilen der Welt eine Säkularisierung im Gange, die der Religion offenbar feindlich gegenübersteht. In anderen Ländern hingegen, wo allen eine bestimmte Religion aufgezwungen wird, sagen viele: »Wir brauchen keinen theokratischen, sondern einen laizistischen Staat.« Auch der Laizismus hat seinen Beitrag zu leisten. Viele Christen werden verfolgt, weil sie nicht in laizistischen Staaten leben. Ich erinnere mich, dass auf der Synode in der kleinen Gruppe, der ich angehörte, hierüber eine heftige Diskussion entbrannt ist. Ein Bischof hat erklärt: »Wir ändern die Terminologie, wir sprechen nicht länger von *Laizismus* und *Säkularisierung*. Aber die Realität ist das, worüber sich ein Teil der Welt beklagt, während der andere Teil darauf angewiesen ist: die Migration.« Wir sehen die Wunden, die durch die Migration geschlagen worden sind. Auf den Philippinen beispielsweise ist die Migration ein Beweis für das Versagen der Regierung, für das Versagen der nationalen Wirtschaft, die ihren Bürgern keine Arbeitsplätze bietet. Und dann gehen sie fort. Und die Familien leiden darunter. Bei uns gibt es viele Kinder, die bei ihren Großeltern, ihren Onkeln und Tanten oder bei Elternteilen aufwachsen, die zwar weder getrennt noch geschieden, aber de facto Single sind. Die Mutter ist alleinerziehend, während der Mann in Europa, Hongkong oder Saudi-Arabien arbeitet. Natürlich schicken die Migranten Geld, aber die Wunden der Familien bleiben unkalkulierbar. Die Migration ist eine ambivalente Wirklichkeit.

Im Februar 2014 bin ich von Kardinal Scola nach Mailand eingeladen worden, um vor Klerikern und Laien einen Vortrag zu halten und um eine Messe für die philippinische Gemeinde zu feiern. Wisst ihr, wie viele Menschen teilgenommen haben? 20 000 Filipinos in einer einzigen Messe! Am Ende der Eucharistiefeier hat der Zeremonienmeister zu mir gesagt: »Eminenz, das ist die Zukunft der Mailänder Kirche!« – »Verzeihen Sie«, habe ich geantwortet, »aber das ist nicht nur die Zukunft, das ist schon die Gegenwart.« Die Migration kann Wunden schlagen, aber in den Händen Gottes kann die Migration auch Chancen eröffnen.

Ebenfalls 2014 bin ich nach Orlando in Florida gereist, um auf dem Treffen der philippinischen Priester zu sprechen, die in den Vereinigten Staaten arbeiten. Es konnten nicht alle kommen, aber 300 waren da. 300 philippinische Priester! Und die amerikanischen Bischöfe, die anwesend waren, haben erklärt: »Das ist die Tendenz, hier bei uns. Und wenn man jetzt noch die Priester aus Indien oder Vietnam hinzuzählt …« Die missionarische Präsenz verändert sich. Also, die Migration ist ein Problem, aber sie birgt auch eine Chance für die Evangelisierung. Paul Hilder, Bischof von Abu Dhabi, hat mich eingeladen, doch ich musste ihm absagen, weil ich zu viel zu tun hatte. »Aber Sie müssen den Filipinos Mut zusprechen, die in Abu Dhabi leben.« – »Sprechen Sie ihnen Mut zu, Sie leben ja vor Ort«, habe ich ihm entgegnet, doch er betonte: »Nein, Sie müssen das machen. Ohne die Filipinos hätte ich gar keine Diözese.« Fast 99 Prozent der Gläubigen in Abu Dhabi sind Filipinos. Also entspricht dem Verlust von

Arbeitsplätzen auf der einen Seite der Gewinn einer Diözese auf der anderen Seite. Wie soll man ein solches Mysterium erklären?

Jesus betritt feindliches Gebiet, bleibt dort und ergreift die Initiative, um im Feindesland Boten der Evangelisierung hervorzubringen. Wie können wir die Unvoreingenommenheit fördern? Den Seminaristen werden ihre Vorurteile leider manchmal während der Ausbildung eingeprägt. Ein klassisches Beispiel für solche Vorurteile ist in meinen Augen die Angewohnheit, die Seminare gegeneinander abzugrenzen: »Wir haben unseren Bachelor bei den Dominikanern gemacht, ihr bloß bei den Jesuiten.« Aber jetzt ist der Papst ein Jesuit. »Ich habe meinen Abschluss bei den Jesuiten gemacht, du in einem Diözesanseminar.« Woher kommt das alles? Von den Ausbildern an den Seminaren! Die Kultur im Seminar schafft ein bestimmtes Klima. Wir haben keine Studiengruppen, in denen man so etwas lernt – das braucht es gar nicht, denn das ganze Klima an einem Institut trägt dazu bei, dass gewisse Vorurteile gedeihen.

Von Jesus zu lernen, bedeutet, sich über solche Etikettierungen und Klischees hinwegzusetzen, die uns zu Puritanern machen. Papst Franziskus hat schon mehrfach gesagt, dass er keine Kirche will, die sich für »rein« hält, weil sie sich nicht der Möglichkeit aussetzt, Wunden und Narben davonzutragen. Wie können wir an den Seminaren die Fähigkeit entwickeln, zu unterscheiden, die Gegenwart des Geistes Gottes und die Chance zur Evangelisierung zu erkennen? Das ist etwas ganz Ähnliches wie die dialogische Methode, mit der wir in Asien in den uns fremden Menschen, Kulturen und Religionen die Samenkörner, die Gegenwart des Geistes, der Werte, der Wahrheit erkennen und unsere Chancen ergreifen.

Auf einem Treffen mit Laien habe ich an die Lehre des Zweiten Vatikanischen Konzils erinnert, wonach es Sache der Laien ist, den weltlichen Bereich zu evangelisieren: die Politik, die Wirtschaft, die Künste usw. Daraufhin hat sich ein sehr frommer Mensch zu Wort gemeldet und gesagt: »Eminenz, ich will nicht in die Politik gehen, wir wissen alle, dass das eine schmutzige Angelegenheit ist.« Ich habe geantwortet: »Ja, das leugnet niemand. Aber wenn Sie sich dort engagieren, wird sie vielleicht ein bisschen sauberer.« – »Aber sie kann mich verderben!« – »Das ist nur ehrlich, dass man mit der Möglichkeit rechnet, verdorben zu werden. Aber haben Sie Vertrauen! Jesus hat die Aussätzigen berührt, und statt sich mit der Krankheit anzustecken, hat er sie mit seiner heiligen Macht angesteckt. Die Aussätzigen sind gesund und er ist nicht krank geworden. Wir besitzen den Geist Jesu. Warum sollten wir uns nicht in ein verdorbenes Umfeld hineinwagen und es mit dem Evangelium anstecken, statt uns von der Verdorbenheit anstecken zu lassen?«

Man muss auch über die Kultur der Priester sprechen. Manchmal übernehmen die Seminaristen die schlimmsten Vorstellungen von den Priestern. Dann verderben die Priester unsere Seminaristen, statt im besten Sinne des Wortes »virulent« zu sein. Ich musste einen Seminaristen zurechtweisen, der den ganzen Sommer bei einem Priester verbracht hatte. Nach der Sommerpause erzählte er mir: »Dieser Pfarrer hat zu mir gesagt: ›Lass das Studieren sein. Sieh mich an, ich bin geweiht worden, ohne je studiert zu haben. Verschwende deine Zeit nicht mit Studieren.‹« Der betreffende Seminarist war einer unserer besten Studenten, und deshalb habe ich mich sehr ernst mit ihm unterhalten, ich habe ihn geimpft, um seine Widerstandskräfte zu stärken. »Hab keine Angst. Ich kann dich nicht die ganze Zeit über vor dem Kontakt mit diesem Priester schützen. Aber ich will dich von innen her bilden. Du besitzt den Geist, du besitzt, was gut ist. Hab keine Angst, den Weg zu gehen, der vor dir liegt.«

Jesus vermag zu geben, und er vermag zu bitten

Jesus bittet die Samariterin demütig um Wasser. Er bittet wie ein Bettler. Die samaritische Frau ist ziemlich irritiert darüber, dass ein Jude eine demütige Bitte an sie richtet. So entspinnt sich ein Gespräch, ein Dialog, in dem Jesus von lebendigem Wasser spricht und sich selbst als den vorstellt, der das lebendige Wasser gibt. Daraufhin vollzieht sich ein Rollentausch: Nun ist es die Frau, die Jesus demütig um dieses Wasser bittet. Diese Dynamik ist bedeutsam für die Neuevangelisierung. Jesus und die Samariterin sind beide sowohl Bittsteller als auch Geber. Diese Gegenseitigkeit ist Voraussetzung für die Neuevangelisierung. Die Bischofssynode fordert uns mit ihrem Nachdenken über Johannes 4 dazu heraus, vor allem in unserem Umgang mit den verlorenen, verlassenen, ausgegrenzten Menschen eine hörende und aufnahmewillige Gemeinschaft zu sein; von ihnen zu lernen, ja sie sogar zu bitten, dass sie uns Wasser geben, dass sie uns Weisheit schenken. Ein Teil der Ausbildung besteht darin, Gewissenserforschung zu halten. Wir haben viel zu geben. Gehören wir vielleicht zu jener Art von Gebern, die meinen, sie hätten auf alles eine Antwort und nichts mehr von den anderen zu lernen? Treten wir auf wie jemand, der alle beschenkt und es nicht nötig hat, von den anderen etwas anzunehmen?

Die Gegenseitigkeit ist die Begleiterin der Demut. Ich wünsche mir, dass die Verantwortlichen bei der Seminarausbildung von Anfang an darauf achten, dass die Seminaristen bei ihrer pastoralen und apostolischen Arbeit nicht nur den Priestern Bericht erstatten, sondern auch in der demütigen Kunst des Zuhörens und Lernens ausgebildet werden. Als ich Lehrer war, habe ich meine Studenten zu Beginn des Semesters Geschichten lesen lassen. Lebensgeschichten, schwierige Fälle von Hunger, Mord, sexueller Gewalt usw. Dann habe ich sie gefragt: »Wie sprecht ihr mit den Leuten über die Gnade? Wie sprecht ihr mit ihnen über Gott?« Ich versuchte ihnen einen wesentlichen Punkt begreiflich zu machen: »Bitte haltet eure Zunge in Zaum. Wir sind viel zu schnell mit Erklärungen bei der Hand, Erklärungen, Erklärungen, ohne vorher zugehört zu haben … ihre Schreie gehört zu haben. Manchmal ist das Schweigen die beste Antwort, ein mitfühlendes Schweigen. Damit helfen wir den Menschen, die Jesus erfahren wollen, mehr als mit unseren Erklärungen.« Meine Worte wurden von einem Studenten bestätigt. Er erzählte: »Ich war bei der Totenwache eines jungen Mädchens.« Er hatte die Mutter des toten Mädchens getroffen und sie gefragt: »Woran ist Ihre Tochter gestorben?« Darauf die Mutter: »Sie war seit Monaten krank.« Der Seminarist hatte altklug ausgerufen: »Sehen Sie, Gott ist gut. Er hat Ihrer Tochter Ruhe geschenkt. Ihre Tochter ruht jetzt in Frieden.« Die Mutter hatte entgegnet: »Aber sieht Gott denn nicht den Schmerz einer Mutter, die ihre Tochter verloren hat? Sieht Gott das nicht?« Ich fragte den Seminaristen: »Und dann, was hast du dann gemacht?« Er antwortete: »Ich bin weggegangen.« Das ist eine wichtige Lektion: schweigen. Die Kirche denkt, sie evangelisiert, wenn sie viele Worte macht. Es ist geradezu zwanghaft, wie wir zu allem und jedem Stellung nehmen! Wenn heute die Sonne nicht scheint, veröffentlichen wir eine Erklärung: »Die Sonne scheint nicht.« Gott spricht, ja, aber er hört auch zu. Doch manchmal befassen wir uns nur mit dem einen dieser beiden Aspekte: dass Gott spricht. Wir vergessen, dass Gott zuhört. Trotzdem sagen wir: »Gott hört den Schrei des Armen.« Das ist die Gegenseitigkeit.

Im geistlichen Leben, im Gebet hört Gott zu. Ich rate euch, das Dokument der Internationalen Theologischen Kommission *Sensus fidei im Leben der Kirche* (2014) zu lesen. Eine der praktischen Anwendungen schlägt vor, dass wir den Laien und insbesondere den Armen zuhören sollen. Sie haben einen spirituellen Instinkt für das Evangelium, den die Gelehrten wahrscheinlich nicht besitzen. Das Dokument gebraucht die Worte Jesu: »Ich preise dich, Vater, Herr des Himmels und der Erde, dass du dies vor Weisen und Klugen verborgen, Unmündigen aber offenbart hast« (Mt 11,25; Lk 10,21), um darauf hinzuweisen, dass auch die, die nicht in der Theologie und den Wissenschaften ausgebildet sind, einen spirituellen Glaubensinstinkt besitzen.

Jesus sagt die Wahrheit mit Respekt und Liebe

Jesus sagt der Samariterin, sie solle ihren Mann herbeirufen, und sie antwortet, dass sie keinen hat. Jesus sagt ihr die Wahrheit über sie und ihre Beziehungen: Sie hat fünf Männer gehabt. Diese unerklärliche Hellsichtigkeit bringt die Frau auf den Gedanken, dass der jüdische Reisende ein Prophet, vielleicht sogar der Messias ist. »Er hat mir alles gesagt, was ich getan habe«, denkt die Samariterin über

Christus. Demnach ist also der Messias jemand, der uns alles lehren wird. Jesus spricht von der Anbetung Gottes im Geist und in der Wahrheit, und bekennt ihr gegenüber: »Ich bin es (der Messias), der mit dir redet.«

Das ist ein wichtiger Aspekt der Neuevangelisierung: mit Respekt und Liebe die Wahrheit zu sagen. Hier ist Jesus der Bote der Evangelisierung, der Überbringer der Wahrheit, er sagt die Wahrheit über diese Frau. Jesus gibt der Frau gewissermaßen einen Namen, er nennt sie bei ihrem richtigen Namen. Wahrscheinlich hatte sie ihre wahre Identität verheimlicht. Auf der Synode über die Neuevangelisierung hat ein Bibelwissenschaftler gefragt: »Warum gehen wir davon aus, dass diese Frau eine Sünderin ist, bloß weil sie fünf Männer gehabt hat? Sie könnte eine Witwe gewesen sein, die von einem Bruder nach dem anderen zur Frau genommen wurde. Warum stellen wir sie uns immer als Sünderin vor?« Natürlich, wir müssen unsere Mentalität zur Diskussion stellen. »Sünderin! Du hast fünf Männer!« Warum sollen wir sie nicht für eine Witwe halten? Wer hat uns gelehrt, an die Samariterin als an eine Sünderin zu denken? Die Exegeten! Gott sei Dank zeigt uns heute ein anderer Bibelwissenschaftler eine neue Möglichkeit auf.

Den Menschen einen Namen geben, die Wahrheit erklären. Evangelisieren heißt, Gott einen Namen zu geben. Den Menschen einen Namen zu geben, die Menschen zu ihrem wahren Ich zu führen, dahin zu bringen, dass sie die Wahrheit über sich selbst erfahren. Und indem sie die Wahrheit über sich selbst akzeptieren, entdecken die Menschen die Gegenwart Gottes. »Bist du der Prophet? Bist du der Messias?« Neuevangelisierung bedeutet also nicht, die Wahrheit aufzugeben, sondern die Menschen zu kennen, denen die Wahrheit verkündet werden soll, und diese Botschaft mit

Liebe und Respekt zu überbringen. Wenn die Samariterin eine Sünderin war, dann war sie wahrscheinlich von dem Respekt fasziniert, den dieser jüdische Reisende ihr erwiesen hatte.

Versuchen wir also, sowohl am Seminar als auch in der Weiterbildung der Priester unsere intellektuelle Ausbildung zu überdenken. Der Heilige Vater Franziskus hat das schleichende Pharisäertum in der Kirche mehrfach attackiert, und auch Papst Benedikt hatte während seines Pontifikats bereits den Finger in diese Wunde gelegt. In einigen seiner Ansprachen hatte Benedikt erklärt: »Einen solchen Menschen bezeichnet ihr nicht als Boten der Evangelisierung, ihr nennt ihn einen Heuchler. Ihr bezeichnet ihn nicht als Überbringer einer guten Nachricht, ihr nennt ihn einen Pharisäer.«

Die Wahrheit mit Liebe. Wir müssen unsere Ausbildung überdenken. Bringt sie vielleicht Kasuisten hervor? Deren Expertise gerade so weit reicht, dass sie sich zum Richter aufspielen können, die aber unfähig sind, in Liebe und Respekt die Wahrheit zu verkünden?

Der Jesus, den du verkündigst, ist der Jesus, den du erfahren hast

Nach der Begegnung mit Jesus geht die Samariterin schließlich, wie wir schon gesehen haben, nach Sychar und wird zu einer Botin des Evangeliums: Sie bringt die Menschen ihrer Stadt zu Jesus. Den Wasserkrug hat sie zurückgelassen. Sie braucht ihn nicht mehr. Ihr tiefster Durst ist gestillt worden. Sie war nicht nur des Wassers, sondern der Wahrheit wegen zum Brunnen gegangen: um Gott zu sehen, um sich selbst zu sehen. Sie war um der Wahrheit und um der Liebe willen hingegangen. Das war ihr tiefster Durst. Er ist von Jesus gestillt worden. Sie lässt den Krug stehen und geht, die gute Nachricht zu verkünden.

So wiederholt es der erste Johannesbrief: »Was von Anfang an war, was wir gehört und mit unseren Augen gesehen haben, was wir geschaut und was unsere Hände berührt haben vom Wort des Lebens (...), das verkündigen wir auch euch.« Das ist die Erfahrung der Samariterin: Sie hat gehört, sie hat berührt, sie hat gesehen, und jetzt gibt es kein Halten mehr: Sie läuft kreuz und quer durch die ganze Stadt! »Der Wasserkrug ist nicht mehr wichtig. Ich gehe. Ich muss es den Leuten sagen. Ich bin dem Messias begegnet.« Der Inhalt der Evangelisierung ist der Messias. Aber nicht irgendein Jesus, sondern der Jesus, der mit ihr gesprochen, der Jesus, der sie geliebt, der Jesus, der sie mit der Wahrheit über sie selbst und über Gott konfrontiert hat.

Natürlich wird die Neuevangelisierung neue Methoden, Techniken, Strategien usw. mit sich bringen. Aber vergessen wir nicht, dass die Evangelisierung – jede Evangelisierung, ganz gleich, ob alt oder neu – und die Ausbildung der Evangelisierungsboten aus einer religiösen Erfahrung erwachsen müssen. Liebe auszubildende Evangelisierungsboten, Seminaristen oder Priester, lasst uns von Jesus und der Samariterin lernen! Was hat diese Frau zu einer Botin der Evangelisierung gemacht? Eine Jesuserfahrung! Eine mitreißende religiöse Erfahrung, die ihr Leben verändert hat. Gibt es in den Seminaren, in unserer täglichen pastoralen Arbeit Raum, um Jesus zu begegnen? Und schenken wir diesem Raum genügend Beachtung? Dieser Raum ist es, der uns verändern, der uns wieder neu entzünden wird, damit wir zu Überbringern der Guten Nachricht werden.

Bisweilen geraten die Ausbildung in den Seminaren und die Weiterbildung allzu akademisch, und am Ende konzentrieren wir uns nur noch auf die Strategien, auf die Zuständigkeiten. Das sind alles wichtige Dinge. Doch die Geschichte der Samariterin lehrt uns, dass der Evangelisierungsbote am spürbarsten durch eine starke Jesuserfahrung ausgebildet wird: eine religiöse Erfahrung, die uns drängt, uns für die Verkündigung des Evangeliums einzusetzen. Das ist es, was wir wiederholen müssen. Konzentrieren sich unsere geistlichen Leiter, unsere Spiritualitätslehrgänge nur auf die Techniken, auf die Inhalte? Warum hilft man den Menschen nicht lieber, die Jesuserfahrungen in ihrem Leben zu erkennen und Frucht bringen zu lassen? Das sind die Erfahrungen, die aus ihnen engagierte Boten des Evangeliums machen werden.

Neulich, auf dem Flug nach Bangkok, habe ich mich gefragt: »Was ist das nur für ein Leben? Ich fliege von einem Ort zum nächsten. Heute Abend kehre ich nach Manila zurück, wo ich eine Pressekonferenz abhalten werde, um die Details des Papstbesuchs bekannt zu geben. Übermorgen fliege ich nach Rom und verbringe dort zehn Tage in den verschiedensten Kongregationen und päpstlichen Räten …« Aber Gott ist immer für eine Überraschung gut! Neben mir saß eine Kaukasierin. Als die Durchsage kam, dass es nur noch 30 Minuten bis zur Landung seien, sprach sie mich an: »Ich wünsche Ihnen viel Glück, was auch immer Sie in Bangkok vorhaben.« Ich antwortete ihr: »Danke schön.« Dann fragte sie mich: »Wie kommt es, dass Sie nach Bangkok reisen?« – »Ich bin zu einem Kongress eingeladen. Kommen Sie aus Manila?« – »Ja. Ich bin Amerikanerin und lebe in Thailand, aber ich bin nach Manila gereist, weil mein Vater gestorben ist. Er hat die letzten

14 Jahre auf den Philippinen gelebt und eine Filipina geheiratet. Er ist verstorben, und deshalb habe ich diese Reise gemacht.« – »Oh, das tut mir leid.« – »Das muss Ihnen nicht leidtun, das ist Schicksal.« – »Wo hat Ihr Vater gelebt?«, frage ich weiter. »In Tagaytay.« – »Ah, dann hat er mal zu meiner Diözese gehört.« – »Ich habe Flugangst, aber als ich Sie gesehen habe, mit dem Kreuz auf der Brust, und als Sie sich dann neben mich gesetzt haben, habe ich mich sicher gefühlt. Ich habe gedacht: Wer auch immer das ist, das wird ein ruhiger Flug werden.« Dann fuhr sie fort: »Ich bin nicht katholisch, aber ich bewundere die Päpste: Johannes Paul II., Benedikt und jetzt Franziskus. Sind Sie katholisch?« – »Ja.« – »Und was für eine Position haben Sie in der Kirche?« – »Ich bin der Erzbischof von Manila.« – »Oh mein Gott! Wissen Sie, ich bin nicht katholisch, aber ich arbeite bei der Caritas. Ich bin an einem Projekt in Myanmar beteiligt.« Ich sagte zu ihr: »Ich bin der Vorsitzende der Caritas in Manila.« – »Das gibt es ja gar nicht! Das ist wirklich eine schicksalhafte Reise. Ich werde wieder auf die Philippinen kommen!«

Als ich aus dem Flugzeug stieg, dachte ich: »Das war die Antwort! Ich war sehr müde und bin unsicher geworden, ohne es zu merken. Wer bin ich, was bin ich? Nur ein Reisender? Und dann hat Jesus, der neben meinem Brunnen saß, diese Frau geschickt, die ein Gespräch mit mir angefangen hat. Und irgendwie habe ich wieder ein bisschen Sinn gesehen.« Ja. Aber man muss aufmerksam sein, denn sonst verpasst man die Erfahrung. Sie kann auch von einer Frau kommen, die nicht katholisch ist.

III.

Die Herzen entzünden

Die Evangelisierung ist überaus persönlich. Was für eine Ausbildung erhält die Person des Evangelisierungsboten? Wir wollen keine Seminaristen oder Priester, die die Inhalte des Glaubens genau kennen, die wandelnden Lexika gleichen, die mehrere Sprachen sprechen und die verschiedensten pastoralen Strategien beherrschen, denen es aber auf persönlicher Ebene an Menschlichkeit mangelt.

Wenn ich – vor allem an ihren Jahrestagen – die Pfarreien besuche und alle Seelsorger anwesend sind, dann kann ich spüren, wer von ihnen eine liebevolle Beziehung zum Volk aufgebaut hat und wer nicht. Das tun nicht alle! An einige erinnert man sich, weil sie Kirchen und Schulen gebaut haben, andere waren in finanziellen Dingen besonders tüchtig. Das ist alles wichtig, aber es gibt eine grundlegendere Frage: Wer von ihnen war in der Lage, eine liebevolle Beziehung zu den Menschen aufzubauen?

Das ist eine wirklich wesentliche Frage, und Papst Franziskus fordert uns auf, uns wieder damit zu beschäftigen. Das tun wir, und zwar von der Wurzel her, wenn wir nach der persönlichen Ausbildung des Evangelisierungsboten fragen. Einige nennen es Authentizität, andere Integrität. Es sind die authentischen Personen, die integren Personen, die die Aufmerksamkeit der Leute gewinnen. Und die Leute ihrerseits bringen sich ein, weil sie – genau wie die Samariterin, die Jesus am Brunnen getroffen hat – neugierig sind und herausfinden wollen, wer diese Personen sind. Es sind nicht unbedingt die Worte, die anziehend wirken: Manchmal ist es die bloße Anwesenheit. Wenn eine Person authentisch christlich, wenn sie eine integre Person ist, das heißt, wenn es zwischen ihrem alltäglichen Leben und dem Evangelium keine oder nur wenige Widersprüche gibt, dann leuchtet sie wie ein Licht.

Ich würde gerne vorschlagen, dass man im Hinblick auf die Ausbildung an den Seminaren eine Umfrage durchführt. Man müsste fragen, wie wir die Seminaristen zu einem Leben der Authentizität ausbilden. Ein Ausbildungsansatz, der allzu sehr auf den Regeln oder auf dem Gesetz beruht, hat Vor- und Nachteile. Einerseits sorgt er für Ordnung, andererseits verlangt er von den Seminaristen lediglich, dass sie tun, was ihnen gesagt wird. Er bietet ihnen nicht die Chance, die Personen zu werden, die sie wirklich sind, oder zu wachsen; er gibt ihnen nicht die Möglichkeit, ihre wahre Persönlichkeit hervortreten zu lassen. Das ist kontraproduktiv. Als ich noch Ausbilder war, habe ich den Seminaristen immer gesagt: »Ich kann alles von euch ertragen, so schlimm es auch sein mag, solange ihr nur offen seid!«

Predigt und Demut

Wenn man die Dokumente des Zweiten Vatikanischen Konzils liest, fällt etwas auf, was für ein ökumenisches Konzil doch eher ungewöhnlich ist: Jedes Mal, wenn die drei messianischen Funktionen Jesu erwähnt werden, wird die Lehre, also der prophetische Dienst an erster, das Priestertum an zweiter und das Königtum an dritter Stelle genannt. Man könnte meinen, dass für die Katholiken nach unserem Kampf gegen die Reformation das Priesteramt den ersten, das Amt des Königs den zweiten und, in Abgrenzung gegen Luther, die biblische Unterweisung den dritten Platz belegen sollte. Doch so ist es nicht.

Der Heilige Vater hat sich besorgt über das Predigen geäußert. Ein Prediger muss auf das Wort hören, sich das

Wort Gottes aneignen und es durch eingehendes Zuhören zu einem Teil seiner eigenen Person werden lassen. Ein solches Zuhören führt Veränderung, führt die Umkehr der Person herbei, weil diese darein einwilligt, dass das Wort Gottes sie innerlich durchdringt. Der Heilige Vater fügt hinzu, dass es nicht genügt, auf das Wort Gottes zu hören, sondern dass man auch auf den Lebenskontext der Menschen hören muss: ihre konkrete Situation. Man muss auf die Situation der Personen hören, um sie mit dem Wort Gottes in Verbindung zu bringen. Ehe man in der Predigt spricht, muss man viel zugehört haben.

Ich wende mich nun an euch, die ihr Homiletik unterrichtet. Zuweilen machen wir aus diesem Fach eine Welt der Techniken und Sophistereien. Manche fordern ihre Seminaristen sogar dazu auf, sich beim Predigen zu filmen, um sich anschließend von der ganzen Klasse bewerten zu lassen: »Du bewegst zu oft den Kopf … Leck dir nicht die Lippen … Sieh zuerst nach links und dann nach rechts, ehe du anfängst!« usw. Das mag ja alles wichtig sein, aber man darf nicht vergessen, dass der Prediger das Wort Gottes verkünden soll; besser gesagt, er soll das Leben der Menschen im Licht des Wortes Gottes kommentieren. Das ist die Definition der Predigt. Eine Predigt ist kein exegetischer Kommentar zum Wort Gottes: Vielmehr kommentieren wir, wenn wir predigen, das Leben des Volkes im Licht des Wortes Gottes. Damit das gelingen kann, muss der Prediger persönlich ganz viel zugehört haben.

Das ist der Aspekt, den – die Technik einmal beiseitegelassen – die Homiletik-Lehrer der Seminaristen und Priester beachten müssen. Sie sollten sensibel genug sein, um zu spüren, ob die Seminaristen auf das Wort Gottes gehört, ob sie es sich zu eigen gemacht haben, ob sie in das Leben der

Menschen eingetaucht sind. Als Rektor habe ich einmal gesehen, wie sich ein Seminarist mitten in der Nacht auf seinen Homiletikkurs vorbereitete. Ich fragte ihn: »Was wirst du zum Fest der Verkündigung sagen?« Er antwortete: »Wenn Sie Zeit haben, Father, dann zeige ich es ihnen. Nach dem Evangelium werde ich verschwinden und dann mit Flügeln wiederkommen. Ich werde ein Paar Flügel anziehen und den Leuten sagen, dass ich der Engel Gabriel bin.« Ich sagte zu ihm: »Hör mal, du bist für die Kathedrale eingeteilt, da findet stündlich eine Messe statt. Du hast gar nicht genug Zeit, um dich umzuziehen. Beim Predigen geht es nicht um Kostüme. Außerdem siehst du nicht aus wie ein Engel und schon gar nicht wie die Heilige Jungfrau.«

Die längerfristige Predigtvorbereitung ist ein intensives Zuhören. Dem Heiligen Vater zufolge muss man predigen wie eine Mutter, die mit ihren Kindern spricht. Eine Mutter, die das Herz berührt, wie nur Eltern es können. Der Sinn der Predigt besteht darin, das Feuer in den Herzen der Men schen zu entzünden, wie es der Samariterin am Brunnen geschehen ist: »Ja, es ist wahr, er spricht mit mir!« Das Wort Gottes, das jemanden in seiner konkreten Situation anspricht. Dafür muss man viel zuhören und auch studieren. Deswegen habe ich die Priester immer gefragt: »Wann habt ihr das letzte Mal ein Buch zu Ende gelesen?« An den Beispielen, die in einer Predigt angeführt werden, erkennt man oft, wovon der Prediger durchdrungen ist: Wenn er nur auf Filme und Serien anspielt, muss man den Eindruck gewinnen, dass er seine Zeit vor dem Fernseher verbringt. Was spricht dagegen, sich stattdessen mit Menschen zu treffen? Sie zu Hause zu besuchen, in die benachteiligten Stadtgebiete zu gehen und sich die Geschichten von den Bewohnern der Elendsviertel zu entlehnen? Warum sollte man eine Geschichte nehmen, die ein Drehbuchautor entworfen hat? Wenn man nicht mit Menschen zusammentrifft, entnimmt man die Geschichten also aus einer Fernsehserie – und das soll dann Inkulturation sein? Die Wahrheit ist doch, dass du nicht zu den Leuten gehen *willst* und dich stattdessen auf fiktive Geschichten stützt, die eher zu Werbezwecken als im Interesse des Menschen konzipiert sind. Wenn es wirklich einmal nicht möglich sein sollte, zum Volk zu gehen, dann kann man wenigstens lesen, dann kann man sich über die vielfältigen Denkströmungen informieren, die unsere Jugendlichen beeinflussen.

Die evangelisierende Kirche nimmt alle auf

Der Heilige Vater ermutigt uns, eine evangelisierende Kirche zu sein, die alle aufnimmt, eine Kirche, die die Menschen – vor allem die armen und verwundbaren, die die Gesellschaft bereits ausgeschlossen hat – einbezieht, statt sie auszugrenzen. Angesichts der Wirtschaftssysteme, die die Welt beherrschen, hat die Kirche als Mutter und Lehrmeisterin, als Leib Christi und als Überbringerin der Guten Nachricht ein Auge auf die Armen und die Verwundbaren und bezieht sie bewusst mit ein. Die vorrangige Option für die Armen ist für die Kirche keine politische oder soziale Entscheidung. Laut *Evangelii gaudium* ist sie eine theologische Entscheidung; das bedeutet, dass dies der Weg Gottes ist. Es handelt sich nicht um ein vorübergehendes Signal, sondern es ist der Weg des *Theós* – der Weg Gottes, der die Armen geliebt hat und in Jesus selbst arm geworden ist, damit wir im vollen Licht der Teilhabe am göttlichen Leben reich werden. Der inklusive Ansatz beinhaltet insbesondere in seiner Präferenz für die Armen und die Verwundbaren eine Kritik an den vorherrschenden Mentalitäten, Systemen und Lebensweisen, die die Armen vergessen und an den Rand drängen.

In dieser Hinsicht müssen die Ausbildung im Seminar und die Weiterbildung sehr klar sein: Versuchen wir – das gilt am Seminar ebenso wie im Pfarrhaus – unseren Lebensstil zu kontrollieren. Ich weiß noch, wie in den Neunzigerjahren einmal ein Seminarist zu mir gesagt hat: »Father, unsere Zimmer sind winzig. Ich habe festgestellt, dass sie in den Siebzigerjahren, also während der Zeit der Diktatur gebaut worden sind. Aber die Zeiten haben sich geändert, die Zimmer sind wirklich zu klein. Können wir ein paar Wände einreißen, um jeweils aus zwei Zimmern eines zu machen?« Ich habe ihm geantwortet: »Moment mal, ist dein Zimmer zu klein, oder hast du zu viele Dinge angesammelt? Wenn du nur zwei Hemden hast, dann ist der Schrank groß. Wenn du nur ein Paar Schuhe hast, dann ist das Schuhregal groß. Was ist das eigentliche Problem, das Zimmer oder deine Sachen?« – »Aber Father, ich habe das doch nicht ernst gemeint«, sagte daraufhin der Seminarist und wollte schon gehen. Er dachte, das sei meine Antwort gewesen. Aber ich war noch nicht fertig: »Komm her. Denk nicht, dass das *dein* Zimmer ist. Niemand von uns hier besitzt ein Zimmer. Alle Zimmer sind Eigentum der Diözese und werden uns nur leihweise zur Verfügung gestellt. Wir sagen nur aus Bequemlichkeit und aus Gründen der Zeitersparnis: ›Ich gehe in mein Zimmer.‹ Natürlich würde niemand sagen: ›Ich gehe in Zimmer 213, das Eigentum der Diözese Imus, das uns für dieses Semester leihweise zur Verfügung gestellt worden ist.«

Das verantwortungsbewusste Haushalten muss im Seminar vom ersten Augenblick an gelehrt werden, denn sonst bringen wir Geistliche von der Sorte hervor, die schon während der Seminarausbildung »*mein* Zimmer« und später, als Pfarrer, »*meine* Gemeinde« sagt. Und die sich dann nicht einmal mehr versetzen lassen, weil sie kein Sendungsbewusstsein, sondern nur ein Bewusstsein ihres individuellen Eigentums und ihrer individuellen Rechte haben. Und wo hat das Ganze angefangen? Im Seminar: »Meins! Meins! Meins! *Meine* lieben Gläubigen« … aber sie sind *Gottes* Volk, nicht deins! Versteht ihr, dass mich das wütend macht?

In der inklusiven Kirche spielt dem Heiligen Vater zufolge die Volksfrömmigkeit eine besondere Rolle. Die volkstümlichen Andachtsformen bilden in der Kirche vitale und wichtige Bereiche der Evangelisierung. In der Volksfrömmigkeit sind eine bestimmte Kultur, das Evangelium, der Geist Gottes und die Armen auf geheimnisvolle Weise miteinander verwoben. In vielen Teilen der Welt ist die Volksfrömmigkeit das Gefäß eines mit einfachen Mitteln von einer Generation zur nächsten weitergegebenen Glaubens. Gewiss gibt es in den volkstümlichen Andachtsformen vieles, das geläutert und evangelisiert werden muss. Doch in den Kirchen, in denen die Volksfrömmigkeit zugunsten einer rein formalen Religionserziehung anhand des Katechismus und theologischer Vorträge ausgemustert worden ist, ist der Glaube rückläufig. Weil diese formale Glaubenserziehung nicht alle erreicht, sind Weihrauchduft, Prozessionen und der Kontakt mit den Bildern der Gottesmutter nach wie vor eine große Hilfe.

Ich möchte den Bischöfen und den Ausbildern eine Frage stellen: Sorgen wir dafür, dass unsere Seminaristen eine Beziehung zur religiösen Erfahrung unseres Volkes haben? Oder haben sie sich, wenn sie Priester geworden sind, schon so weit von der Volksfrömmigkeit entfernt, dass sie die Leute fragen: »Warum seid ihr so abergläubisch?« Wer soll diese oder jene Andachtsform dann noch verstehen außer denen, die sie initiiert haben? Auch uns Bischöfen tut es gut, einige der Novenen zu leiten, die unseren Leuten so am Herzen liegen, und mitten unter dem Volk dabei zu sein. Wenn die Leute sehen, dass wir zu ihnen gehören, dann wird es leichter sein, die unumgängliche Läuterung vorzunehmen, weil die Leute wissen, dass wir sie verstehen und dass wir aus derselben Welt stammen wie sie.

Versuchungen der in der Seelsorge Tätigen

Schließlich besteht dem Heiligen Vater zufolge die Notwendigkeit, die Versuchungen zu benennen, denen die in der Seelsorge Tätigen ausgesetzt sind. Versuchungen, mit denen wir alle – Geweihte und Laienseelsorger – unsere Erfahrungen gemacht haben (vgl. EG 76–109). Es handelt sich um Laster wie die egoistische *Acedia*, jene spirituelle Trägheit, die sich zum Beispiel darin äußert, dass jemand sagt: »Ich habe neun Jahre lang die Bibel studiert, deshalb sehe ich nicht ein, warum ich meine Kenntnisse noch weiter vertiefen sollte. Ich brauche meine Predigten nicht mehr vorzubereiten: Ich habe sie in den letzten Jahren alle aufgeschrieben.« Einige Priester bewahren ihre Predigtnotizen auf. Wenn sie dann die Lesejahre A, B und C durchlaufen haben und wieder bei A anfangen, sagen sie sich: »Ich bin schon fertig. Ich muss nicht mehr beten und nachdenken, darüber habe ich schon gepredigt!« Spirituelle Trägheit! Im Scherz sage ich oft, dass man solche Priester alle drei Jahre versetzen muss, weil die Gläubigen ihre Predigten über die

Lesejahre A, B und C schon alle gehört haben. Es ist besser, sie zu versetzen, als der Gemeinde eine weitere Runde mit denselben Predigten zuzumuten! Versucht euch einmal vorzustellen, was passieren würde, wenn einer dieser Priester 30 Jahre lang in ein und derselben Pfarrei bliebe: Am Ende hätten die Gläubigen wegen der spirituellen Trägheit des Priesters jede Predigt zehnmal gehört.

Eine andere Versuchung ist der Pessimismus. Schon Papst Johannes XXIII. hat in der Rede zur Eröffnung des Zweiten Vatikanischen Konzils gesagt: »Wir aber sind völlig anderer Meinung als diese Unglückspropheten, die immer das Unheil voraussagen, als ob die Welt vor dem Untergang stünde.«[1] Der Pessimismus wittert überall Gefahren, sieht aber – als ob Ostern gar nicht stattgefunden hätte – nicht die Chance der Gegenwart Gottes. Manche pessimistischen Christen ziehen immer ein Gesicht wie auf einer Beerdigung – ohne Freude, ohne Hoffnung! Ihnen verkünden wir: »Jesus ist auferstanden!«

Eine weitere Versuchung ist die spirituelle Weltlichkeit, die aus spirituellen Dingen weltlichen Profit schlagen will. Dieser merkwürdige Ausdruck, *spirituelle Weltlichkeit*, ist nichts Neues. Das ist für viele Menschen in der Kirche schon immer eine Versuchung gewesen. Den Priestern unter Ihnen möchte ich jetzt eine kleine Geschichte erzählen: Eine Frau gibt dem Pfarrer ein Kuvert mit einer großzügigen Spende und sagt: »Herr Pfarrer, bitte beten Sie für meine Tochter, die eine sehr wichtige Aufnahmeprüfung an der Universität bestehen muss, sie bittet uns, für sie zu

---

1 Peter Hünermann (Hg.), *Die Dokumente des Zweiten Vatikanischen Konzils: Theologische Zusammenschau und Perspektiven*, Bd. V, Freiburg i. Br. 2006, S. 484.

beten.« Du, der Priester, nimmst das Kuvert. Und dann? Betest du? Einige Monate später kommt die Frau wieder: »Herr Pfarrer, danke für Ihre Gebete.« Du versuchst dich zu erinnern: »Ah, geht es Ihrem Sohn wieder besser? Hat man ihn aus dem Krankenhaus entlassen?« Die Frau sagt: »Ich hatte Sie gebeten, für meine Tochter an der Universität zu beten.« – »Ach ja!«, rufst du daraufhin aus, um dich nicht vollends lächerlich zu machen, »ja, ich habe für sie gebetet!« Also wirklich! Deshalb warne ich die Gläubigen immer und sage ihnen, sie sollen uns nicht bitten, in ihren Anliegen zu beten, weil wir es ohnehin nicht tun. Oder du musst auch wirklich ernsthaft beten, wenn du eine Spende annehmen willst. Missbrauche unsere Rolle in der Kirche nicht, um dich zu bereichern!

Schließlich beklagt der Heilige Vater, dass wir Krieg gegeneinander führen. Dieser Punkt ist in seinen Ansprachen und bei seinen Audienzen in Rom auf vielerlei Art zur Sprache gekommen. Immer gibt es Streitigkeiten und interne Querelen zwischen Priestern und Bischöfen, unter Laien und zwischen Laien und Priestern. Gerede und Gezänk nehmen überhand … Man verschwendet seine Zeit mit nutzlosem Geschwätz und internem Gerangel, das sich vor allem um die Kirchenpolitik dreht: »Warum ist denn der an den Dom berufen worden, wo ich doch promoviert habe und er nicht? Erklär mir doch mal einer, wie der die Stelle am Dom bekommen hat!« All das beweist, dass im Seminar auf das Ziel des gemeinschaftlichen Lebens hingearbeitet werden muss, damit die Seminaristen lernen, füreinander zu leben, ohne mit oberflächlichen Dingen kostbare Zeit zu vergeuden.

Kurz gesagt, eine Person, die das Wort Gottes verinnerlicht hat, kann sich der Armen und Verwundbaren annehmen; wer allen pastoralen Versuchungen, die die Evangelisierung blockieren, zu widerstehen vermag, ist eine authentische Person.

Neben der Kirche gibt es noch weitere Bereiche in der Welt, die nach Authentizität streben. Unser Beitrag ist die authentische Person, die mit Freude das Evangelium überbringt. Mit missionarischer Freude, die sich dann offenbart, wenn Gott einen Menschen an die Peripherien, zu den Verwundbaren, zu den Vergessenen sendet. Die Freude des authentischen Evangelisierungsboten drückt sich auch ohne Worte aus.

IV.

Zu Aposteln berufen

Wenn ich im Folgenden eine Theologie der Mission vorstelle, will ich nicht erneut auf das Wie und das Warum der Mission eingehen. Ich möchte vielmehr auf einige Punkte hinweisen, die sich aus der Gnade des Augenblicks ergeben. Es gibt viele Türen, durch die wir eintreten können, um uns dem Verständnis der Mission zu nähern. Was sagt uns die Menschwerdung des Wortes Gottes im Hinblick auf die Mission? Wenn wir durch die Tür der Inkarnation eintreten, welche Art von Mission oder was für ein Verständnis von Mission wird sich dann vor unseren Augen auftun? Ich werde mich auf drei Punkte konzentrieren.

Die Inkarnation als Prinzip der Mission

In Galater 4,4 sagt Paulus: »Als aber die Zeit erfüllt war, sandte Gott seinen Sohn, geboren von einer Frau.« Diese Worte sind einfach, aber sehr dicht. Die Schlichtheit ihrer Formulierung rührt ans Herz. Die vom Vater geplante Inkarnation des Wortes Gottes ist die Fülle der Zeit, der Geschichte und des menschlichen Daseins. Dieses Fleisch-Annehmen durch eine Frau ist die Fülle der Zeit, eine Fülle, die die Leere des Lebens, der Zeit und des menschlichen Daseins erobert. Was aber macht die Fleischwerdung zu einer Erfahrung in der Fülle der Zeit? Die Inkarnation des Wortes Gottes ist auch die Fülle der Selbstmitteilung Gottes. Sie ist die Fülle der liebevollen Selbstöffnung Gottes. Deshalb kann auch in unserem Alltagsleben ein Gefühl der Leere ein Hinweis darauf sein, dass keine Selbstmitteilung in der Liebe stattfindet. Wenn ihr mit einem geliebten Menschen zusammen seid und euch einander frei mitteilt, eure tiefste Identität zutage treten lasst und einander annehmt, dann bleibt die Zeit stehen, weil sie erfüllt ist. Irgendwann seht ihr dann auf die Uhr und staunt: »Wir haben fünf Stunden miteinander geredet und gar nicht gemerkt, wie die Zeit vergangen ist.« Wenn ihr dagegen in einer Vorlesung sitzt und dem Dozenten zuhört, dann findet keine erfüllte Mitteilung statt, und die Zeit scheint leer. Ihr langweilt euch und fragt euch: »Wann ist es vorbei?« Und ihr schlaft ein.

Die Inkarnation ist die Fülle der Manifestation der Liebe Gottes in menschlicher Gestalt, die die Fülle der Zeit mit sich bringt. Die Inkarnation lässt Gott in einer Fülle und auf eine Weise kundwerden, die nicht damit zu vergleichen ist, wie Mose oder Elia Gott haben kundwerden lassen. Ganz gleich, wie groß diese Männer auch gewesen sind – nichts ist mit der Fülle zu vergleichen, in der Gott sich selbst im fleischgewordenen Wort kundgetan hat.

Galater 4,4 muss parallel zu Kolosser 1,15 gelesen werden. Nachdem er ausführlich beschrieben hat, wer Jesus ist, erklärt Paulus, dass dieser Jesus, dieser Sohn Gottes »das Bild des unsichtbaren Gottes« ist. Die Stelle spiegelt eine der tiefsten Sehnsüchte der Menschheit wider. Wir wollen Gott sehen. Heute wollen die Menschen nicht nur Gott sehen, sondern sie wollen, dass wir ihnen zeigen, wo er ist. Dieses Verlangen ist nur eines der vielen leidvoll erfahrenen Bedürfnisse unzähliger Menschen, die Opfer der Gesellschaft sind, Opfer des Krieges in Mindanao, Vergewaltigungsopfer oder auch Opfer eines Reichtums, der ihr Leben leer werden lässt. Irgendwann fragen sie sich: »Wie sieht das Antlitz Gottes aus? Wo ist Gott?«

Diese Frage ist nicht neu. In Johannes 14,8 sagt Philippus zu Jesus: »Herr, zeig uns den Vater, und es genügt uns.« Wenn wir Gott sehen, werden wir Frieden in unseren Herzen und die Fülle des Lebens finden. Doch Jesus reagiert verstimmt auf die Bitte des Jüngers: »Schon so lange Zeit bin ich bei euch und du hast mich nicht erkannt, Philippus? Wer mich gesehen hat, hat den Vater gesehen.« Dieser jüdische Mann, ein augenscheinlich ganz gewöhnlicher Mensch mit Namen Jesus, ist wirklich das Bild Gottes. Also können wir, wenn jemand Gott sehen will, einfach zu ihm sagen: »Du willst Gott sehen? Geh zu Jesus. Er ist das Bild Gottes.«

Wenn ihr diese beiden Stellen nehmt, Galater 4 und Kolosser 1, und sie als Leitfaden benutzt, um zu begreifen, was Inkarnation ist, dann werdet ihr entdecken, dass Inkarnation einfach heißt, Gott erkennbar und sichtbar zu machen, sodass die Herzen der Menschen – wie das Herz des Philippus – Frieden finden. Wenn die sehnlichsten Wünsche des Herzens in Erfüllung gehen, erfährt man die Fülle der Zeit und des Lebens.

Die Mission in den Horizont der Inkarnation hineinzustellen bedeutet also, Jesus und seine Menschwerdung als Paradigmen der Mission selbst zu begreifen; Mission heißt, Gott, den Vater, dadurch als die Fülle der Liebe erkennbar und sichtbar werden zu lassen, dass man – wie Jesus – voll und ganz Mensch ist.

Merkmale der Mission Jesu

Wie hat sich dieses wesentliche Prinzip der Inkarnation als Manifestation der Liebe Gottes in voll und ganz menschlicher Form in Jesus ausgeprägt? Wir ergründen dieses Prinzip in der Hoffnung, kostbare Hinweise zu erhalten, die uns helfen, die Herausforderung, vor die die Mission uns in diesem Jubiläumsjahr der Menschwerdung stellt, besser zu verstehen. Von den vielen wichtigen Punkten will ich drei benennen, die die Mission oder Sendung Jesu betreffen, so wie sie sich aus dem Prinzip der Inkarnation ableitet.

Gott wird Teil der Menschheitsgeschichte

Die Inkarnation besteht nicht nur darin, dass Gott Fleisch annimmt und Mensch wird. Wenn wir auf das Leben und Wirken Jesu blicken, zeigt die Inkarnation, wie tief sich Gott auf die Geschichte und die menschlichen Geschicke einlässt. Die Inkarnation betrifft nicht nur das Mensch-*Sein*. Es gibt viele Menschen, die sich nicht in der Menschheitsgeschichte engagieren. Ein Mensch aus Fleisch und Blut zu sein, heißt nicht automatisch, dass man sich an der Geschichte beteiligt.

Die Inkarnation als missionarisches Paradigma bedeutet nicht, dass Jesus sich darauf beschränkt, einen menschlichen Leib anzunehmen. Den Menschenleib anzunehmen, bedeutete für Jesus, dass Gott sich in Schwierigkeiten brachte, dass er sich in das Chaos des menschlichen Daseins hineinziehen ließ. Dass Jesus sich mit den Lebensbedingungen des Menschen – seinen Problemen, Sehnsüchten, Leiden, Fehlschlägen, Träumen und Hoffnungen – identifiziert und solidarisiert, ist ein missionarischer Aspekt der Menschwerdung. Ich denke, dass hier die Wurzel dessen liegt, was wir Inkarnation nennen. Die Inkarnation Jesu ist die Mission, ist der Sendungsauftrag, sich hineinziehen zu lassen. Man muss sich auf die menschlichen Dinge einlassen.

Gustavo Gutiérrez erklärt, dass Mission nicht nur heißt, an einen bestimmten geografischen Raum gebunden zu sein. Die Männer und Frauen der philippinischen Kirche zum Beispiel stehen beständig vor der Herausforderung, in Asien Missionare zu sein. Aber Asien ist nicht bloß ein geografischer Raum, wo man sagen kann: »Ich bin in Bangkok gewesen. Ich bin in Hongkong. Ich fahre nach China.« Wenn ihr so redet, dann seid ihr Touristen und keine Missionare! Gutiérrez weist zu Recht darauf hin, dass die Mission die Christen genau wie Jesus an den *menschlichen* Raum binden muss, denn darin besteht das eigentliche Prinzip der Inkarnation. Aus diesem Grund haben Johannes Paul II. und die asiatischen Bischöfe diesen Kontinent in dem Apostolischen Schreiben *Ecclesia in Asia* nicht nur anhand geografischer Merkmale, sondern auch anhand tiefer Sehnsüchte beschrieben und über den Durst und den Hunger, die Träume und Werte, die Geschichte und das Erbe eines Volkes definiert. Wenn die philippinische Kirche den Sendungsauftrag Jesu erfüllen will, muss sie ihre Arbeit in den Horizont Gottes stellen, der Gott-in-dieser-Welt ist, weil viele Menschen den Eindruck haben, dass Gott sich nicht für uns interessiert, dass er sich in Schweigen hüllt, dass er die Menschen im Stich gelassen hat.

Vor ein paar Jahren kam ein Bettler an die Pforte unseres Seminars in Tagaytay. Er war sehr schmutzig und hielt ein kleines Kind in den Armen, das an einem Fläschchen nuckelte; in dem Fläschchen war eine dunkle Flüssigkeit, die aussah wie schmutziges Wasser. An der Kraft, mit der das Kind an dem Fläschchen sog, erkannte ich, wie hungrig es war. Es war so unschuldig, dass es den Unterschied zwischen Milch und schmutzigem Wasser wahrscheinlich gar nicht kannte. Der Mann blieb vor meiner Pförtnerloge stehen, und ich fragte ihn, woher er komme. »Aus Payatas«, stammelte er. »Wir sind obdachlos.« Payatas ist eine Mülldeponie unter freiem Himmel im Norden von Manila, wo eine Kolonie von Müllsammlern lebte. Kurz zuvor hatte ein Erdrutsch ihre Häuser zerstört und ganze Familien lebendig begraben. Er war nach Tagaytay gekommen, um seine Geschwister zu suchen, aber er wusste nicht, wo sie wohnten. Ich fragte ihn: »Willst du etwas zu essen?« – »Ja, ich habe Hunger«, antwortete er. Dann fügte er hinzu: »Sind Sie Priester?« – »Ja«, erwiderte ich. »Father, wo ist Gott?« Ich wusste nicht, was ich ihm antworten sollte, und so wich ich der Frage aus und sagte: »Ich gebe Bescheid, dass dir jemand etwas zu essen bringt.«

Meine Begegnung mit diesem Mann war eine Einladung zur Mission. Konnte ich mich auf ihn einlassen? Konnte ich durch die Tür hindurchgehen, die mich von diesen Opfern trennte? Konnte ich aus meinem Zimmer hinausgehen und mich wenigstens für ein paar Minuten irgendwie hineinziehen lassen? Vielleicht würde ich ihre Probleme nicht lösen können, aber ich würde doch irgendwie ein Spiegel Gottes sein können, der sich in Jesus in die Träume der Menschen hat verstricken lassen. Das, worauf es ankommt, ist nicht so sehr meine Fähigkeit, etwas zu tun, als vielmehr meine Solidarität mit dem Volk Gottes. Der Sendungsauftrag Jesu besteht darin, Gott als den Gott erkennbar werden zu lassen, der an der menschlichen Geschichte teilnimmt.

Gott regiert in allen Dimensionen des Lebens

Viele Exegeten und Theologen stimmen darin überein, dass die zentrale Botschaft oder das zentrale Symbol der Sendung Jesu das Bild vom Reich Gottes ist. Dieses Reich verkündet der Welt, dass Gott von jetzt an der einzige Souverän ist und dass alle Pseudoherrscher als das entlarvt und bloßgestellt werden, was sie wirklich sind. Die falschen Herren sind keine Anführer, die den Menschen helfen, den wahren Sinn ihres Lebens zu verwirklichen. Erst wenn Gott regiert, entdecken wir, was Leben heißt, was Menschsein heißt. Und wir sind uns auch alle darin einig, dass dieses Reich Gottes von uns eine radikale Entscheidung für Gott verlangt: die Entscheidung, zum Reich Gottes gehören zu wollen. Wenn wir uns die Evangelien ansehen, dann nimmt das Symbol vom Reich Gottes dort je nach Kontext und je nachdem, zu welchen Menschen Jesus spricht, verschiedene Formen an. Wenn er zum Beispiel mit jemandem zusammentrifft, der von dämonischen Kräften besessen ist, dann bringt er das Reich Gottes auf eine Weise, die der Situation dieses Menschen angemessen ist. Als Jesus Zachäus begegnet, wird das Reich Gottes auf eine Weise eingeführt, die diesen reichen Mann anspricht. Wenn er einem Zöllner, einem Steuereintreiber wie Levi begegnet, ist das Reich Gottes nach wie vor dasselbe, aber die Form hat sich wieder leicht verändert. Als Jesus einer Witwe begegnet, die ihren einzigen Sohn verloren hat, dann kommt auch hier das Reich Gottes, aber in einer eigens auf diese Witwe abgestimmten Form. Als Jesus einem Verbrecher am Kreuz begegnet, wird auch ihm das Reich Gottes verheißen, aber auf eine besondere Weise, die zu dem Verbrecher passt.

Was will ich damit sagen? Aus der Sicht der Sendung Jesu, die sich auf das Reich Gottes konzentriert, können wir die Polyvalenz und den Reichtum der Mission erfassen. Jesus versetzt die Menschen in die Lage, das Reich Gottes so zu verkünden, wie es der Erfahrung eines jeden entspricht. So, wie Gott alles in allem ist, spricht auch das Reich Gottes zu allen. Das heißt, Jesus versetzt uns in die Lage, Gott in unseren Erfahrungen zu hören und zu sehen – Gott in Zeiten von Überfluss und Frieden oder in Zeiten des Krieges, der Wirtschaftskrise, des persönlichen Verlusts zu sehen. Es gibt keinen Moment in unserem Leben, in dem die Botschaft vom Reich Gottes nicht angemessen wäre.

Paul VI. erklärt in dem Apostolischen Schreiben *Evangelii nuntiandi*, dass die Evangelisierung die Gute Nachricht auf alle Ebenen des menschlichen Daseins, angefangen beim Gewissen bis hin zu den wirtschaftlichen, politischen, sozialen und kulturellen Dimensionen bringen muss. Das Reich Gottes muss alle Bereiche des menschlichen Lebens durchdringen und gleichzeitig die falschen Götter und die falschen Herrscher entlarven, denen wir Macht über unser Leben gegeben haben. Wenn wir zulassen, dass das Reich Gottes alle Verhältnisse unseres Lebens durchdringt, dann werden alle unsere Pseudoherrscher – Stolz, Geltungsdrang usw. – enttarnt werden. Ihre Throne werden umgestürzt werden und Gott allein wird herrschen.

Keine menschliche Situation ist Gott fremd. Jesus hat das Menschsein in seiner Gesamtheit angenommen. Er weiß, was es heißt, Hunger zu haben, satt zu sein, zu lächeln, zu weinen, zu träumen, enttäuscht zu sein, etwas zu gewinnen, viel zu verlieren. Er hat alles angenommen außer der Sünde. Und weil die Menschwerdung Jesus dazu gebracht hat, alle diese Aspekte des menschlichen Lebens anzunehmen, kann auch das Reich Gottes dorthin gebracht werden. Es gibt keine menschliche Situation, die der Mission fremd wäre. Die Sendung Jesu besteht zum Teil darin, einen Gott zu offenbaren, der in jedem Aspekt des Lebens herrschen kann.

Gott regiert in der Bedeutungslosigkeit

Die Sendung Jesu in der Inkarnation findet in der Bedeutungslosigkeit, im Verborgenen und allem Anschein nach im Scheitern statt. Dieser Punkt darf nicht vergessen werden. Er gehört nicht zufällig zur Verkündigung Jesu, zu seiner Aussage darüber, wer Gott ist.

Jesus offenbart in seiner Mission einen Gott, der sich von den anderen Herrschern unterscheidet – einen Gott, der herrschen, aber anders herrschen will. Gottes Herrschaft gründet sich nicht auf Gewalt, Erfolg, Popularität oder das Gefühl, Resultate erzielt zu haben. Die Sendung Jesu muss sich im Geist der Bedeutungslosigkeit, im Verborgenen und, auf den ersten Blick, im Scheitern vollziehen.

Für die Kirche in Asien kann sich die Mission im Geist der Inkarnation dadurch vollziehen, dass sie sich wieder auf Jesus und auf die Urkirche besinnt: eine Kirche ohne Privilegien, eine Kirche der Märtyrer, eine Kirche der Katakomben statt einer Kirche der Pracht, des Reichtums und der Macht. Ich hoffe, dass die Kirche auf den Philippinen sich von der Begeisterung anstecken lässt, die auf dem Nationalen Missionskongress geherrscht hat; ich hoffe, dass ihre Gläubigen sagen werden: »Wir wollen Missionare sein.« Aber ich möchte auch, dass diese Kirche beschließt, in Asien im Verborgenen, in der Bedeutungslosigkeit und in der Armut missionarisch zu sein. Die Sendung des fleischgewordenen Wortes Gottes hat die Form des Dienens angenommen: des Dieners, der den anderen die Füße wäscht und so einen Gott verkündet, der zwar regiert, aber indem er dient. Die Sendung des fleischgewordenen Wortes hat die Gestalt eines Menschen angenommen, der mit den Leidenden und den Verfolgten solidarisch ist.

Unser asiatischer Theologe Felix Wilfred erinnert uns daran, dass die Mission in Asien nur dann Erfolg haben wird, wenn sie den Standpunkt der Opfer und der Armen einnimmt: Ihre Träume und Hoffnungen lassen die Kirche entdecken, was die asiatischen Völker sich für das neue Jahrtausend erhoffen. Damit sind wir wieder bei *Gaudium et spes*: »Freude und Hoffnung, Trauer und Angst der Menschen von heute, besonders der Armen und Bedrängten aller Art, sind auch Freude und Hoffnung, Trauer und Angst der Jünger Christi.«

Wie können wir Missionare sein? Wie können wir eine missionarische Kirche sein, die dem Weg der Inkarnation folgt, wenn wir uns in großem Pomp präsentieren? Die Sendung des menschgewordenen Wortes offenbart einen Gott, der auf der Seite der Opfer steht, der es akzeptiert, ein Opfer unter vielen zu sein. Der von Jesus geoffenbarte Gott bringt den Gott zur Erfüllung, der sich bereits im Buch Exodus kundgetan hatte, den Gott, der zu Mose gesagt hatte: »Ich habe das Elend meines Volkes, das in Ägypten ist, wohl gesehen und sein Schreien (…) gehört. Ja, ich kenne seine Leiden« (Ex 3,7). Nachdem er all das gesehen, gehört und kennengelernt hat, hat Gott es sich zu eigen gemacht. All das erfüllt sich in der Sendung Jesu.

Aber könnte die Kirche auf den Philippinen auch auf andere Weise missionarisch sein? Ich weiß es nicht. Ich weiß nicht, welche Art von Gott wir offenbaren würden, wenn wir nicht den Weg der Bedeutungslosigkeit, der Einfachheit und der Armut einschlügen und auch die Gefahr des Scheiterns in Kauf nähmen. Ich weiß nicht, ob eine Kirche, die immer erfolgreich sein und gute Resultate vorweisen will, ihrer in den Horizont der Inkarnation hineingestellten Mission entspricht.

Die Sendung Jesu, die von der Inkarnation ausgeht, macht, kurz zusammengefasst, einen Gott kund, der sich auf die menschliche Geschichte einlässt; der in alle Dimensionen des menschlichen Lebens und Daseins eintreten und darin herrschen kann; und der in der Bedeutungslosigkeit, in der Verborgenheit, im Leiden und in der Armut regiert.

Die Entstehung der christlichen Mission

Ich beziehe mich auf den ersten Johannesbrief, der für das Verständnis der Ursprünge der christlichen Mission paradigmatisch ist. Uns allen ist diese Textstelle wohl vertraut, wo der Apostel sagt:

> »Was von Anfang an war, was wir gehört und mit unseren Augen gesehen haben, was wir geschaut und was unsere Hände berührt haben vom Wort des Lebens – und das Leben ist erschienen und wir haben gesehen und bezeugen und verkündigen euch das ewige Leben, das beim Vater war und uns erschienen ist, – was wir also gesehen und gehört haben, das verkündigen wir auch euch, damit auch ihr Gemeinschaft mit uns habt. Unsere Gemeinschaft aber ist eine Gemeinschaft mit dem Vater und mit seinem Sohn Jesus Christus« (1 Joh 1,1–3).

Ich halte dies für eine hervorragende Zusammenfassung der Entstehung der christlichen Mission. Sie hat mit einer Erfahrung begonnen, mit jemandem, der den fleischgewordenen Jesus gesehen, berührt und gehört und in Jesus den Vater gesehen, berührt und gehört hat. Diese mitreißende Glaubenserfahrung hat aus jemandem einen Apostel gemacht. Eine im Kern ähnliche Erfahrung ist auch die Begegnung mit dem auferstandenen Herrn, die beispielsweise den ängstlichen Petrus in einen mutigen Apostel verwandelt hat. Und diese umwerfende Erfahrung war es auch, die aus dem Verfolger Paulus den großen Völkerapostel gemacht hat.

Die christliche Mission entsteht letztlich aus einer mitreißenden Erfahrung des von Jesus Christus geoffenbarten Gottes. Hier geht es nicht um den Gott, über den ich Bücher gelesen habe, und auch nicht um den Gott aus der Fußnote meiner Examensarbeit. Nicht um den Gott, von dem ich andere habe sprechen hören, sondern um den Gott, den ich gesehen, berührt und gehört habe – den Gott, der sich im Menschgewordenen geoffenbart hat. Diese Erfahrung kann mich verwandeln. Sie kann aus mir einen Apostel machen, einen Missionar mit einem ganz einfachen Programm: nicht die Welt zu erobern, sondern einfach nur meine Geschichte so zu erzählen, dass der, der mir zuhört, dieselbe Erfahrung machen kann.

Wenn du eine gute Nachricht von einer erlebten Begegnung mitbringst, dann muss man dich nicht erst auffordern, sie zu verkünden: Die Kraft der Erfahrung selbst wird dich dazu drängen. Dann wirst du wie der heilige Paulus ausrufen: »Wehe mir, wenn ich das Evangelium nicht verkündige!« (1 Kor 9,16). Das ist die tragende Säule jedweden leidenschaftlichen missionarischen Engagements: eine begeisternde Erfahrung mit dem fleischgewordenen Gotteswort. Das ist die Gute Nachricht; und sie ist so gut, dass ich sie nicht für mich behalten kann. Ich muss herumlaufen, mich auf den Weg machen und auch in die Knie gehen, um sie so zu erzählen, dass andere Menschen dieses Wort Gottes erfahren können. Und wenn zwei von uns dieselbe Erfahrung haben, dann ist diese Gemeinschaft unsere Gemeinschaft mit Gott in Jesus Christus.

Die Gestalt des christlichen Missionars

Wer ist der christliche Missionar? Was ist eine missionarische christliche Kirche? Ich denke, der christliche Missionar ist ein Mensch, der den fleischgewordenen Jesus erfahren hat und dessen Identität, dessen Leben und dessen Arbeit von ebendieser Glaubenserfahrung geprägt sind.

Der Missionar wird also durch diese Begegnung zur Inkarnation der Mission. Man kommt an einen Punkt, wo die Mission nicht einfach eine Arbeit ist, die getan werden muss, sondern wo Mission und Missionar verschmelzen und ein und dasselbe sind. Dies kann nur als Folge einer mitreißenden Erfahrung geschehen – einer ähnlichen Erfahrung wie der Erfahrung Jesu, der das Urbild aller Missionare ist.

Jesus war von der Erfahrung des *Abba* in Besitz genommen. Er war so in den *Abba* verliebt und so vom *Abba* fasziniert, dass er einfach nicht anders konnte, als immer über ihn zu reden. Er konnte nicht aufhören, den Leuten von der Liebe seines Vaters zu erzählen und sie bis zum letzten Augenblick seines Lebens allen Menschen zu zeigen, obwohl diese Verkündigung ihn letztlich ans Kreuz bringen sollte. Es gab kein Mittel, dieser Verkündigung Einhalt zu gebieten, denn sie entsprang aus einer verwandelnden Erfahrung. Wenn Jesus aufgrund dieser Erfahrung Missionar geworden ist, wie könnten wir uns dann weigern, denselben Weg zu gehen? Wir haben Heilige wie Lorenzo Ruiz und Pedro Calungsod,[1] Menschen, die durch ihre Jesuserfahrung verwandelt worden sind.

Eines Tages spazierte ich in Imus über den Markt und sah eine Händlerin, die *El Shaddai* angehörte, der größten katholischen charismatischen Erneuerungsbewegung auf

---

1 Es sind zwei große philippinische Boten der Evangelisierung im 17. Jahrhundert: Lorenzo Ruiz, Katechet und Familienvater, wurde gemeinsam mit 15 weiteren Missionaren (mehrheitlich Dominikaner) im japanischen Nagasaki getötet. Pedro Calungsod, ebenfalls Katechet, wurde im Alter von nur 17 Jahren gemeinsam mit einem Jesuitenpater auf der Insel Guam getötet. (*A. d. R*)

den Philippinen. Sie wartete auf den *Jeepney*[2]. Ich fragte sie, ob sie ihren Stand heute gar nicht aufmachen wolle. Sie antwortete mir: »Father, wir haben heute eine Solidaritätsaktion in den Armenvierteln.« – »Ausgerechnet am Samstag, wo so viele Menschen auf den Markt kommen?«, fragte ich. »Aber Father, es ist für den Herrn. Jetzt, da ich den Herrn kenne, ist der Lebensunterhalt meiner Familie zweitrangig geworden.« Dann sah sie mich an und rief: »Sie sind doch Priester, Father!«, als wolle sie sagen: »Wie kann es sein, dass Ihr Glaube kleiner ist als meiner? Ich habe den Herrn gesehen, mich kann nichts aufhalten. Ich kann für heute auf meinen Verdienst verzichten.« Diese Frau ist eine Missionarin.

Denken wir an Richie Fernando SJ, der im Gebet um die Gnade und den Mut bat, für sein Volk zu sterben.[3] Das war kein bloßer Überschwang, sondern rührte von der mitreißenden Erfahrung her, in Jesus vom Vater geliebt zu sein und diese Liebe zu erwidern.

Vor einigen Wochen war ich in Malaysia. Ich war eingeladen worden, um zu evangelisieren. Sechs Stunden lang hielt ich Vorträge – zu irgendetwas wird es wohl gut gewesen sein – und dachte eigentlich, *ich* sei der Missionar. Doch am Ende des Tages sprachen einige Teilnehmer, Absolventen der *Loyola School of Theology* und Laien, die in der Gesellschaft wichtige Positionen innehatten, über ihre

2 Die *Jeepneys* sind das verbreitetste öffentliche Verkehrsmittel auf den Philippinen. Es handelt sich um große, bunte, in auffälligen Farben bemalte Jeeps. (*A. d. R.*)

3 Richard Michael »Richie» Fernando SJ (1970–1996), jesuitischer Scholastiker. Er starb in Kambodscha, als er einen psychisch kranken Studenten daran hinderte, in einer Schule eine Handgranate zu zünden.

Schwierigkeiten als Christen in Malaysia. Der erste, ein Rechtsanwalt, war im Gefängnis gewesen, weil er einer Muslimin geholfen hatte, die zum Christentum konvertieren wollte. Die Frau war expatriiert und hatte in Australien die Taufe empfangen; später hatte sie dann einen Katholiken geheiratet. Die malaysische Regierung hatte nach ihr gefahndet, ohne sie zu finden, und hatte dann ihren Anwalt aufgespürt und inhaftiert. Während der Diskussion über die Mission sagte er: »Wir dürfen nicht still sein. Wir dürfen nicht aus Zorn schweigen. Wir müssen den Menschen von Gott erzählen, müssen ihnen sagen, wie Gott in Jesus befreit. Dafür würde ich sogar wieder ins Gefängnis gehen.« Dieser Mann ist Mission.

Die Mission ist nicht bloß Arbeit. Jesus, der Menschgewordene, ist Mission. Die Händlerin von *El Shaddai* ist Mission. Der malaysische Anwalt ist Mission. Ich hoffe, dass auch ich Mission bin. Wir hoffen, Mission zu sein. Und wir hoffen, dass die Kirche auf den Philippinen Mission werden kann. Darum bitten wir im Gebet.

V.

Das Antlitz Jesu

Vor mehreren Jahren hat der Verlag Orbis Books ein Buch mit dem Titel *Asian Faces of Jesus*, »Asiatische Gesichter Jesu«, herausgegeben.[1] Darin war nicht von einem einzigen asiatischen Antlitz, sondern von einer Vielzahl asiatischer Jesus-Antlitze die Rede. Außerdem unterschied das Buch zwischen Jesus und Christus. Aber weshalb sollten wir über so etwas wie das asiatische Antlitz oder die asiatischen Gesichter Jesu nachdenken? Was sagt ein Gesicht aus? Was ist ein Gesicht?

Die griechischen Philosophen sagen, das Gesicht sei wie ein Fenster, das sich auf die tiefste Wirklichkeit einer Person hin öffnet. Wenn wir verbergen wollen, was wir in unserem Inneren fühlen, machen wir oft »ein anderes Gesicht«. Manche Gesichter sind sehr durchsichtig. Man sieht sofort, ob der betreffende Mensch zornig, glücklich oder von Natur aus gutmütig ist: Er oder sie kann sich einfach nicht verstellen. Andere dagegen verändern ihren Gesichtsausdruck, wenn sie etwas verbergen wollen. Solche Menschen setzen unterschiedliche Masken auf.

Das Gesicht ist wirklich ein Fenster zu einer tieferen Wirklichkeit. Man könnte sagen – um einen theologischen Begriff zu gebrauchen –, dass das Gesicht eines der wirksamsten Sakramente dessen ist, was wir wirklich sind. Ein menschliches Gesicht ist ein Mittel, das etwas mitteilt, das die Menschen nicht immer sehen – was wir in unserem Herzen haben – und das gleichzeitig eine tiefere Wirklichkeit verhüllt. Man kann nicht behaupten, dass man im Gesicht einer Person alles findet, was diese Person ist.

---

1 Rasiah S. Sugirtharajah (Hg.), *Asian Faces of Jesus*, Maryknoll/New York: Orbis Books 1993.

Manche Dinge kann man nur mittels des Gesichts erkennen. Auf den Philippinen sagen wir: »*Sige, ipamukha mo sa akin ang totoo*« (Sprich, zeig mir das Gesicht der Wahrheit). Wir gebrauchen das Wort *mukha*, Gesicht, auf vielfältige Weise.

Was für ein Gesicht hat Jesus? Und warum sollten wir über das *asiatische* Gesicht Jesu nachdenken?

Jesus hat wie jeder Mensch ein eigenes Gesicht. Was für einen Sinn hat es, über das asiatische Gesicht Jesu zu sprechen? Er hat nur ein Gesicht: seines. Wenn du Filipino bist, hast du ein philippinisches Gesicht. Wir würden nie über unser afrikanisches oder südamerikanisches oder kaukasisches Gesicht nachdenken. Die Leute würden uns ja auslachen, und wir stünden wie Idioten da, wenn wir versuchen wollten, unsere philippinischen Gesichter amerikanisch aussehen zu lassen, blaue oder grüne Kontaktlinsen trügen, uns die Haare blondieren würden … Unsere schwarzen Wimpern würden uns sofort verraten! Und was mich betrifft, ist auch nichts zu machen: Ich bin Filipino, aber ich sehe aus wie ein Chinese. Was für einen Sinn hätte es also für mich, das afrikanische Gesicht Jesu oder das kaukasische Gesicht Jesu zu ergründen?

Trotz alledem ist es im Fall dieses ganz konkreten jüdischen Mannes Jesus völlig legitim, über sein asiatisches Gesicht zu sprechen. In einigen überwiegend afroamerikanischen Gemeinden in Nordamerika gibt es Bilder, auf denen Jesus dunkelhäutig ist. In China wird die Muttergottes oft als Chinesin dargestellt, und das Jesuskind in ihren Armen sieht ein bisschen so aus wie ich. Warum also finden wir, die wir doch Menschen sind, es lächerlich, verschiedene Gesichter zu ergründen, die aus verschiedenen Kulturen stammen? Wir betonen eher das, was unsere Gesichter gemeinsam haben. Doch wenn es um die Person Jesu Christi geht, dann sprechen die spirituellen Autoren und die Theologielehrer von verschiedenen Gesichtern Jesu. Was sagt das über Jesus aus?

Die Besonderheit Jesu und seine Universalität

Es besteht eine dynamische Spannung zwischen Jesus als einer besonderen Person – die an einem bestimmten Ort, zu einer bestimmten Zeit und in einer bestimmten Kultur gelebt hat – und seiner allgemeinen, universalen Bedeutung. Wir leugnen die Besonderheit Jesu nicht. Das hieße, seine Menschheit zu leugnen. Denn Mensch zu sein bedeutet, einer bestimmten Familie, einem konkreten Volk, einer gewissen Generation anzugehören und an einem gegebenen Ort zu leben. Dieses konkrete menschliche und kulturelle Gesicht des Juden Jesus zu leugnen ist so, als wolle man die Wirklichkeit der Menschwerdung leugnen. Vielleicht meint der eine oder andere, Jesus sei eine abstrakte Größe gewesen. Aber Jesus war ein wahrer Mensch mit seinem eigenen, unverwechselbaren menschlichen Gesicht. Er war ein Jude des ersten Jahrhunderts, der einer bestimmten Familie und einer bestimmten Schicht angehörte. Jesus hatte *ein* Gesicht, ein *konkretes* Gesicht.

Dennoch sagt uns unser Glaube, dass Jesus insbesondere in seiner Auferstehung eine universale Bedeutung hat. Viele Theologen werden sagen, dass der menschliche Jesus – dieser konkrete Jude – mit der Auferstehung Jesu von den Toten in der Kraft des Heiligen Geistes universale Bedeutung gewonnen hat, sodass der auferstandene Jesus nicht mehr so ohne Weiteres mit diesem konkreten Juden gleichgesetzt werden darf. Der universale Jesus ist nunmehr in der Lage, durch die Kraft des Geistes in das Innere unterschiedlicher Kulturen und in unsere Herzen vorzudringen. Als auferstandener Herr, der durch die Kraft des Geistes universale Bedeutung erlangt hat, wird Jesus für alle zugänglich. Jetzt kann Annie eine einzigartige Jesuserfahrung machen und sagen: »Mein Jesus. Meine Jesuserfahrung. Das ist das Antlitz Jesu, der mir begegnet ist.« Auch im Vergleich zu Marilous Erfahrung kann Annies Erfahrung einzigartig sein. Sie können denselben Jesus sehen, aber aufgrund der Universalität des auferstandenen Herrn können verschiedene Individuen aus verschiedenen Kulturen diesem Jesus in ihrer je unterschiedlichen Situation begegnen.

Nehmen wir beispielsweise an, ich müsste zwei Beerdigungen nacheinander halten. Die erste ist die Beerdigung eines achtjährigen Mädchens. Gestern auf dem Rückflug von Manila habe ich in der Zeitung gelesen, dass in Italien, in Bologna, ein achtjähriges Mädchen von seinem Schwager ermordet worden ist. Bei seiner Verhaftung hat der Täter gesagt: »Ich wollte schon seit Tagen Sex mit einem kleinen Mädchen haben. Sie war die Erste, die mir über den Weg gelaufen ist.« Die Ermittler fragten ihn, aus welchem Motiv er das Mädchen getötet habe. »Sie hat mich gekratzt«, so die Antwort. »Ich ertrage es nicht, wenn mir jemand wehtut. Sie hat mich wütend gemacht, und deshalb musste ich sie töten.« Der Leichnam des Mädchens war am Vorabend ihres neunten Geburtstages gefunden worden. Wenn ich die Beerdigung für dieses Mädchen halten müsste, was würde ich in der Predigt über Jesus sagen? Welches Antlitz Jesu müsste ich der Familie zeigen?

Und wenn ich gleich danach das Sterbeamt für einen chinesischen Millionär halten müsste, der auf der Intensivstation einer Prominentenklinik gestorben ist? Welches Antlitz Jesu müsste ich dann zeigen?

Es wäre derselbe Jesus Christus, der auf zwei unterschiedliche Arten verkündet werden würde. Es geht nicht nur darum, Jesus zu zeigen. Die unterschiedlichen menschlichen Situationen – unsere Bedürfnisse, unsere Lebensumstände – lassen das Antlitz Jesu einen je unterschiedlichen Ausdruck annehmen.

Selbst in seiner Zeit hier auf Erden hatte Jesus zwar nur eine einzige Botschaft – das Reich Gottes –, aber dieses Reich bekam je nachdem, welchen Menschen Jesus begegnete, ein unterschiedliches Antlitz. Für die Witwe aus Naïn zeigte sich das Reich Gottes darin, dass ihr Sohn ins Leben zurückkehrte. Für Zachäus nahm das Reich Gottes das Antlitz der Rückerstattung an: »Die Hälfte meines Vermögens gebe ich den Armen.« (Lk 19,8) Es gibt also unterschiedliche Arten; in derselben Bibel hat die Botschaft Christi verschiedene Gesichter.

Mit seiner Auferstehung ist Jesus zu einer universalen Gegenwart geworden. Wenn wir sagen, dass er der Herr des Universums und der Erlöser aller ist, meinen wir damit, dass er jetzt durch die Macht des Geistes in die Herzen der Menschen eintreten kann, die je nach Kultur, Familie und Lebenssituation unterschiedlich disponiert sind. Dadurch, dass Jesus in diese Herzen eintritt und ihre Last auf sich nimmt, erhalten wir die Gelegenheit, ein neues Antlitz, ein einzigartiges Antlitz Jesu zu entdecken.

Vor meiner Abreise nach Rom letzte Woche habe ich mit zwei Leuten gesprochen, einem Mann und einer Frau. Letztere habe ich gefragt, wie es ihr gehe, und sie hat mir geantwortet, dass sie keine großen gesundheitlichen Probleme habe. Daraufhin habe ich zu ihr gesagt: »Dann müssen wir Gott danken, dass Sie nicht mehr krank sind!« Vorher nämlich hatte sie immer über diverse Beschwerden geklagt. Jetzt aber sagte sie: »Natürlich werde ich nicht krank! Ich bin ein guter Mensch, ich helfe dem Nächsten, da ist es nur gerecht, dass Gott mich in dieser Weise belohnt.« Für sie war das das Antlitz Christi.

Die andere Person, mit der ich gesprochen hatte, war ein junger Mann, dessen Schwester einige Jahre zuvor vergewaltigt worden war. »Wie geht es deiner Schwester?«, habe ich ihn gefragt. »Es scheint, dass wir uns mit dem, was passiert ist, ein kleines bisschen ausgesöhnt haben«, hat er mir geantwortet. Ich erinnerte mich deutlich an ihn, weil er nach jenem traumatischen Ereignis an Einkehrtagen teilgenommen hatte. Er lag sehr mit sich im Zwist, und einmal hatte er zu mir gesagt: »Ich verstehe nicht, warum Gott das zugelassen hat. Konnte er meine Schwester nicht beschützen? Warum hat er ihr nicht geholfen?« Nachts lag er wach und dachte an seine Schwester, die sich gewehrt hatte, aber überwältigt worden war, und fragte: »Gott, wo warst du? Warum hast du deine Macht nicht eingesetzt? Warum hast du nicht eingegriffen?«

Er betete weiter, und nach einigen Tagen kam er auf mich zu: »Wissen Sie, Father, der Herr hat mich etwas begreifen lassen.« Und dann erzählte er mir, er habe im Gebet gleichsam gehört, wie der Herr zu ihm sagte: »Wie hätte ich deiner Schwester helfen sollen? Ich habe mit ihr gelitten. Sie war nicht das einzige Opfer. Ich war mit ihr gemeinsam Opfer. Und ich bin ein Opfer wie sie – geschunden, ungerecht behandelt. Ich bin einer von euch.« Das ist wieder ein anderes Antlitz Jesu. Und es hat jenen jungen Mann getröstet, der zu mir gesagt hat: »Mir genügt es, dass meine Schwester nicht alleine war, dass Jesus mit ihr zusammen gekreuzigt worden ist. Da war jemand bei meiner Schwester.«

Ich weiß nicht, ob die Leute ein solches Antlitz Jesu akzeptieren können, ich weiß nicht, ob ihr diese Schlussfolgerung für legitim haltet. Das alles betrifft, kurz gesagt, die formaltheologische Frage nach der Besonderheit Jesu und seiner Universalität. Als einzelnes Individuum hatte er ein ganz konkretes jüdisches Gesicht. Und doch sagt unser Glaube, dass er auch eine universale Bedeutung hat. Diese universale Bedeutung erlaubt es Jesus, auf dem Weg der Analogie – ohne dass sich die Inkarnation, die im Schoß der Jungfrau Maria stattgefunden hat, wiederholen müsste – Fleisch anzunehmen: Der universale Erlöser Jesus Christus ist nunmehr in der Lage, unterschiedliche menschliche Situationen, unterschiedliche Kulturen, unterschiedliche menschliche Probleme anzunehmen; Jesus ist imstande, die Macht ein und desselben Evangeliums zu zeigen und sich damit an die einzigartige Erfahrung jedes Individuums zu richten.

Wir stoßen diese christologische Diskussion nicht an, weil sie ein Modethema beträfe. Es handelt sich um eine äußerst schwierige Frage: die Besonderheit des Mannes Jesus und seine universale Bedeutung. Zwischen beiden Aspekten besteht ein Spannungsverhältnis. Ich werde als Nächstes auf einige Probleme im Zusammenhang mit der Besonderheit und Universalität Jesu hinweisen, die durch unsere Brüder und Schwestern in Asien deutlich geworden sind.

Wie kann das Antlitz Jesu asiatisch sein?

Religiöse und kulturelle Verhältnisse in Asien

Ein wichtiger kontextueller Bezug für diesen Punkt ist die Tatsache, dass in Asien zwei Drittel der Weltbevölkerung leben. Es ist der bevölkerungsreichste Erdteil und gleichzeitig der, auf dem Jesus am wenigsten bekannt und akzeptiert ist. Die Hälfte aller asiatischen Katholiken lebt auf den Philippinen. Wir bilden die Hälfte der Christen von ganz Asien. Die Hälfte der asiatischen Christenheit drängt sich in unserem kleinen Land, und vor uns liegt ein riesiger Kontinent. Vielleicht sind wir inzwischen sogar mehr als die Hälfte, wenn man unsere Geburtenrate bedenkt. Dann sind da die Filipinos, die ins Ausland auswandern, aber sie gehen in die Vereinigten Staaten, nach Kanada oder nach Europa. Sie müssten nach Bangladesch, nach Pakistan, nach Thailand oder nach Indonesien gehen. Ich werde oft als Vortragsredner insbesondere für Symposien und Kongresse hier auf den Philippinen angefragt, und wenn eine solche Anfrage kommt, denke ich manchmal: »Jetzt soll ich schon wieder irgendwo einen Vortrag halten, wo die Leute alle Christen sind.«

Das ist das Problem: Jesus ist in Asien, dem bevölkerungsreichsten Teil der Erde, bislang wenig bekannt. Außerdem wird Jesus in Asien nicht so ohne Weiteres akzeptiert, weil man ihm vorwirft, einer aus dem Westen, ein Fremder zu sein; zumindest wird er als solcher wahrgenommen. Einige sagen, dass viele asiatische Völker Jesus für einen Fremden halten, einen Eindringling, der – zumindest in einigen Bereichen der indischen Gesellschaft – die indische Kultur zu zerstören droht. Andere sagen, dass du, wenn du Jesus Christus akzeptierst, im selben Moment deine asiatische Kultur aufgeben musst.

Als Johannes Paul II. 1999 anlässlich der Promulgation von *Ecclesia in Asia* nach Asien, genauer gesagt nach Neu-Delhi kam, bat man mich, dabei zu sein. Das war wirklich eine traurige Veranstaltung. Vom Flughafen der indischen Hauptstadt bis zur Kathedrale sah ich nur ein einziges Willkommensschild für den Papst: ein großes Plakat mit der Aufschrift: »Willkommen, Eure Heiligkeit Papst Johannes Paul II.« Das war alles. Während dieser drei Tage verbreiteten einige Extremisten im nationalen Fernsehen und in den Lokalzeitungen die Botschaft: »Papst, geh weg aus Indien! Katholische Kirche, raus aus Indien!« Ich sah ein Interview mit einem Meinungsführer, der sagte: »Wir wollen das Christentum hier in Indien nicht, weil es unsere indische Kultur zerstören will. Das Christentum respektiert Indien nicht. Jesus ist wie diese westlichen *Conquistadores*, die herkommen wollen, um uns zu erobern und zu unterwerfen.«

In *Ecclesia in Asia* erklärt Johannes Paul II. mit Nachdruck, dass Jesus auf asiatischem Boden geboren worden ist, dass Jesus Asiate ist.

Die »asiatische Identität« Jesu

Ecclesia in Asia ist eine Zusammenstellung dessen, was die Bischofssynode für Asien 1998 in Rom an Früchten gebracht hat. Ein Ereignis auf der Synode hat sich mir besonders deutlich eingeprägt; es geschah an einem der Arbeitstage während der Eröffnungsandacht, die Papst Johannes Paul II. leitete: Nach dem Psalmengesang griff der Heilige Vater zum Mikrofon, sah den asiatischen Bischöfen, die im Saal anwesend waren, in die Augen und rief: »Erlaubt mir, euch daran zu erinnern, dass Jesus auf asiatischem Boden geboren wurde.« Nachdem er das gesagt hatte, herrschte vollkommene Stille. Anscheinend konnte selbst unter den asiatischen Bischöfen niemand glauben, dass Jesus wirklich einer von uns war. Doch schon im nächsten Moment standen alle auf und klatschten Beifall, wie um zu sagen: »Wunderbar! Jesus ist keiner aus dem Westen, er ist einer von uns!«

Das wurde auch durch die starke Beteiligung der Bischöfe an der Asiensynode bestätigt. In der Vorstellung der Kirche beginnt Asien in der Region, die als der Nahe Osten bezeichnet wird, und reicht bis in den Fernen Osten oder den südostasiatischen Raum. Aber der Heilige Vater hat auch gesagt, dass Jesus in einem Teil Asiens geboren ist, der sich für die übrige Welt geöffnet habe: der Mittelmeerregion. Auch wenn Jesus Asiate war, konnte Asien ihn doch nicht so für sich in Anspruch nehmen, als ob er nicht auch dem Rest der Menschheit gehörte. Dennoch hat der Papst während der Synode mehrere Male wiederholt: »Denkt daran, dass Jesus Asiate war.«

So viele Mängel das Dokument auch haben mag, enthält es doch eine Anregung, die, wie ich glaube, noch nicht weiterverfolgt worden ist: Wie können wir uns darüber freuen, dass Jesus, die Inkarnation des Wortes Gottes, Asiate ist? Wie können wir uns über den geheimnisvollen Plan Gottes freuen, der seinen einzigen Sohn als Menschen sendet und für seine Menschwerdung ein besonderes Volk erwählt? Ein konkretes, aus Asien stammendes Volk mit einem orientalischen Kulturerbe?

Nach 1999 bin ich mehrere Male in die Vereinigten Staaten und nach Europa eingeladen worden, um über die asiatischen Aspekte Jesu zu sprechen. Die westliche Welt scheint von dieser Idee fasziniert. Zwei Jahre in Folge wurde ich gebeten, in Los Angeles ein Seminar zum Thema der »asiatischen Eigenschaften Jesu« zu halten. Am Ende kamen die Teilnehmer, um zu gratulieren: »Wir sind glücklich, dass Jesus einer von euch ist! Was bedeutet es, Asiate zu sein? Helft uns das asiatische Antlitz Jesu anhand der Schrift zu verstehen.«

Gemeinsam mit dem Heiligen Vater haben die Bischöfe Asiens erklärt, dass unser Kontinent die »asiatische Identität« Jesu wiederentdecken und sich darüber freuen soll, dass die Menschwerdung in Asien stattgefunden hat. Abraham war Asiate. Mirjam und Maria waren Asiatinnen. Josef war Asiate. Aaron und die anderen Männer und Frauen des Glaubens waren allesamt Asiaten. Jesus selbst war Asiate.

Wenn wir das asiatische Antlitz Jesu, das heißt das Gesicht, das er als dieser eine, bestimmte Asiate gehabt hat, entdecken wollen, müssen wir auf die Schrift zurückgreifen. Sehen wir uns an, wie er lehrte, wie er mit den Menschen sprach und wie er zu ihnen in Beziehung trat. Betrachten wir, wie er Leid ertrug, wie er mit Menschen umging, die auf dem falschen Weg waren. Achten wir darauf, wie er andere berührte. Dann werdet ihr nicht nur das Antlitz Jesu entdecken, sondern auch euch selbst mit eurer asiatischen Identität erkennen. Wenn ihr in aller Ruhe und im Geist des Gebets die asiatischen Eigenschaften Jesu zu entdecken versucht, werdet ihr am Ende entdecken, wer ihr selbst seid.

Erlaubt, dass ich eure Fantasie noch ein wenig ansporne. Wie hat Jesus über das Reich Gottes gesprochen? In Gleichnissen – mit den Bildern vom Sauerteig, vom Fischfang, von einem Hochzeitsmahl … –, das heißt auf sehr asiatische Weise. Seine Lehrmethode war narrativ, sie basierte darauf, dass er Geschichten erzählte. Stimmt es etwa nicht, dass wir Asiaten gerne Geschichten erzählen? Für uns ist es schwierig, wenn ein Lehrer nur in abstrakten Begriffen spricht. Ich erzähle immer Geschichten. Wenn ihr die Geschichten nicht versteht, könnt ihr auch die Begriffe nicht verstehen. Das ist die asiatische Methode. Asiaten verstehen Geschichten, und Jesus wusste das.

Die *Forma mentis* Jesu ist außerdem sehr relational: »Ich und der Vater sind eins. Ich tue, was ich den Vater tun sehe, und ich sage nur, was ich den Vater sagen höre« (vgl. Joh 5,19; 10,30). Für die westliche Mentalität ist es inakzeptabel, dass ein Mann von 33 Jahren nicht weiß, welche Entscheidungen er treffen soll, und nicht zu eigenverantwortlichem Handeln imstande ist. Wir Filipinos versuchen es genauso zu machen und setzen voraus, dass die jungen Leute unabhängig sind. Seht euch Jesus an. Er hat nicht mehr lange zu leben, und was sagt er? »Ich kann von mir aus nichts tun, was ich nicht den Vater tun sehe« (vgl. Joh 5,19). In Jesus gibt es keinen Widerspruch zwischen seiner Unterwerfung unter den Vater und seiner Unabhängigkeit. Seine Autonomie besteht ja gerade in der völligen Unterordnung seiner eigenen, persönlichen Interessen.

Wenn unsere Kinder klein sind, bringen wir ihnen bei, unabhängig zu sein. Wenn sie dann größer geworden sind, haben sie eine Midlife-Crisis und wir raten ihnen, »das innere Kind zu heilen«. Tja, vielleicht wäre es besser, sie nicht zu verletzen, wenn sie klein sind.

Jesus war immer ein Kind. Das ist asiatisch. Und asiatische Eltern verlassen dich nie, ganz gleich, was du ihnen sagst. All das gehört auch zum Leiden Gottes. Gott leidet auf asiatische Weise. Die Tränen Gottes sind die Tränen von jemandem, der seine Kinder nicht im Stich lässt, so viele Fehler sie auch begangen haben mögen.

Im Buch des Propheten Hosea droht Gott seinem treulosen Volk und schreit, dass er es verstoßen wird. *Wala na akong pakialam* (es geht mich nichts mehr an). Dann aber sagt er zu ihm: »Wie könnte ich von dir lassen, Efraim, dich preisgeben, Israel?« (Hos 11,8). Das ist sehr asiatisch. »Ich werde dich niemals aufgeben.« Das ist ein Leid, das rettet. Statt meinem Zorn freien Lauf zu lassen und dich zu vernichten, werde ich dich mit meinem Leiden retten. Ich leide, aber während ich leide, wirst du gerettet.

Auch in der Auferstehung bleibt Jesus Asiate. Seine Jünger haben die Prüfung im Moment der Kreuzigung nicht bestanden, aber als er von den Toten aufersteht, sagt er zu Maria aus Magdala: »Geh zu meinen Brüdern.« Er nennt sie noch immer Brüder. Wenn einer meiner Studenten nicht besteht, dann gebe ich ihm die schlechteste Note. Ich will nicht, dass er im nächsten Jahr wieder in meinem Kurs sitzt. Aber Jesus ist ein echter Asiate. Er war es, der gekränkt worden war. Die Jünger hatten ihn im Stich gelassen, und jetzt ergreift er die Initiative, um sie wieder einzubeziehen. Seht euch seine Lehren an, seine Verhaltensweisen, seinen Diskussionsstil; seht euch sein Leiden an und entdeckt das asiatische Antlitz Jesu. Irgendwann werdet ihr lächeln und sagen: »Genau wie wir.«

Natürlich ist Asien keine homogene und monolithische Realität. Manche Asiaten essen mit »Stäbchen«, manche essen »Curry«, andere »Chop Suey« und wieder andere »Schawarma« …[2] Dennoch gibt es einen gemeinsamen Nenner. Die Entdeckung des asiatischen Antlitzes Jesu wird zu

2 Der Autor spielt auf eine beliebte Methode an, die asiatischen Nationen anhand ihrer Essgewohnheiten oder typischen Gerichte zu klassifizieren: Einige essen mit Stäbchen, andere kochen viel mit Curry, wieder andere ernähren sich hauptsächlich von *Chop Suey* (klein geschnittenem Fleisch und Gemüse in Soße) oder dem im Nahen Osten verbreiteten *Schawarma* (ähnlich dem hierzulande bekannteren türkischen Döner Kebab). (*A. d. R.*)

unserer missionarischen Arbeit in Asien beitragen, weil sie den Menschen die wesentliche Geschichte Jesu näherbringt. Eine wunderschöne Geschichte. Und wenn wir mit Asiaten sprechen, wenn wir ihnen diese Geschichte wahrheitsgetreu erzählen, dann werden sie sehr wahrscheinlich aufmerksam zuhören. Wenn es ihnen nicht gelingt, die asiatische Identität Jesu zu erfassen, dann deshalb, weil wir ihnen die Geschichte anders erzählen, als sie in der Bibel steht.

Erinnert ihr euch an das Gleichnis von den Arbeitern im Weinberg, die zu unterschiedlichen Zeiten eingestellt werden? Menschen, die mit einem strengen Gerechtigkeitssinn aufgewachsen sind – dass also jedem gegeben werden muss, was ihm zusteht –, finden das empörend. Einmal habe ich bei einer Bibel-Teilen-Gruppe mitgemacht, die überwiegend aus älteren Damen bestand, die allesamt Kinder hatten. Ich habe sie gefragt: »Kommt euch an diesem Gleichnis irgendetwas merkwürdig vor?« – »Nein«, lautete die Antwort. Denn wenn du Mutter bist, dann sind deine Kinder für dich alle gleich. Wenn das älteste 30 und das kleinste zwölf Jahre alt ist, gibst du dem kleinsten deshalb nicht weniger. Diese Mütter brauchten keine besonderen Erklärungen, um bei ihrer Bibellektüre das asiatische Gesicht Jesu zu erkennen.

Und wie verstehen wir den Schrei Jesu: »Mein Gott, mein Gott, warum hast du mich verlassen«? Für uns Asiaten kann ein solches Gefühl der Verlassenheit tödlich sein. Als Jesus sieht, dass seine Freunde, mit denen er so viel Zeit verbracht hatte, ihn verleugnet hatten, wie wird er sich da gefühlt haben? Wenn deine Freunde dich verlassen, fühlt sich das so an, als hätte Gott dich verlassen. Das habe ich 1992 als Student bei meinem USA-Aufenthalt in der letzten Woche vor meiner Heimkehr am eigenen Leib erfahren.

Mein Zahnarzt hatte entdeckt, dass ich eine Zyste am Kiefer hatte, die schlimme Folgen haben konnte. Sie musste entfernt werden; der Eingriff wurde wenige Tage vor meiner Abreise vorgenommen. Danach fing ich mühsam an, meine Sachen zu packen. Irgendwann wurde mir bewusst, dass die Gemeinschaft der amerikanischen Priester und Seminaristen mir aus dem Weg ging. Niemand sprach mich an. Ich dachte: »Das ist zu viel. Ich habe fünf Jahre lang bei ihnen gelebt und reise bald ab. Außerdem wissen sie, dass ich operiert worden bin, aber keiner kommt und fragt mich, wie es mir geht!«

Ich war wirklich sehr traurig. Dann klingelte eines Abends in meinem Zimmer das Telefon. Es war ein Seminarist, ein Amerikaner, der mich mit leiser Stimme fragte: »Wie geht es dir?« Ich antwortete: »Nicht so gut.« Darauf er: »Du wirst bemerkt haben, dass ich dir aus dem Weg gegangen bin.« – »Ja, aber warum denn nur?« – »Na ja, du brauchtest Ruhe. Du fliegst bald nach Hause, das wird eine lange Reise, und das ist jetzt nicht der beste Zeitpunkt, um sich noch irgendetwas einzufangen.« Deswegen machten sie sich also Sorgen …! Ich erklärte ihm: »Danke, aber vergiss nicht, dass ich Filipino bin. Wir Filipinos sterben nicht an Infektionen. Wenn uns etwas umbringt, dann ist es die Einsamkeit! Also, wenn du nicht willst, dass ich sterbe, dann komm runter und lass uns ein bisschen erzählen.«

Er hatte es gut gemeint. Aber hier auf den Philippinen steht in den Krankenhauszimmern immer ein Zusatzbett. Wenn ihr jemanden umbringen wollt, müsst ihr ihn nur isolieren. Genau das ist mit Jesus geschehen. Und es hat ihm das Herz gebrochen. Es war ein asiatisches Herz.

Während der Abschlussfeier der Synode von 1998 hat der Heilige Vater wieder daran erinnert, dass Jesus in Asien zur

Welt gekommen ist. Deswegen ist es unumgänglich, dass es uns asiatischen Christen gelingt, Jesus mit unserer Verkündigung, mit unserem Lebensstil, mit unserer Kirchenstruktur als echten Asiaten darzustellen. Ein Vorschlag: Können wir eine biblische Hermeneutik und Exegese entwickeln, die der asiatischen Mentalität, der asiatischen Textauslegung eher entspricht, sodass die asiatische Identität Jesu voll und ganz zutage treten kann?

Ein Beitrag in dem Buch *Asian Faces of Jesus* verwendet das hinduistische und buddhistische Modell der Textinterpretation. Der historisch-kritische Ansatz ist gültig und stichhaltig, aber ich weiß nicht, ob er für die asiatische Denkweise wirklich die einzige Art ist, einen Text zu lesen. Was passiert mit der Gestalt Jesu – zumindest aus asiatischer Sicht –, wenn er uns in dieser Form als ein Produkt dieser oder jener Forschung präsentiert wird?

Ich weiß noch, wie wir uns, als ich noch Student war, in meinem Kurs einmal eine ganze Woche lang – an vier Tagen, in allen vier Stunden, die wir in dieser Woche hatten – mit dem Wort *Hund* in dem Abschnitt aus dem Evangelium beschäftigt haben, wo Jesus sagt: »Es ist nicht recht, das Brot den Kindern wegzunehmen und den Hunden hinzuwerfen« (Mk 7,27). Wir brachten vier Stunden damit zu, darüber zu diskutieren, um was für einen Hund es sich gehandelt haben mochte: War er klein oder groß? Am Ende hat unser Professor dann gesagt: »Nun ja, so oder so ändert es nichts an der Aussage des Textes.« Das war eine gute Übung – aber würden wir Asiaten die Dinge auf diese Weise ergründen und untersuchen?

Von einer bestimmten Warte aus betrachtet gibt es an dem asiatischen Antlitz Jesu nichts herumzudeuteln. Wie die Bischöfe Asiens und der Heilige Vater erklärt haben:

Jesus war Asiate. Durch Jesus sind die asiatischen Arten und Weisen, die Dinge zu betrachten und miteinander in Beziehung zu treten, in das Wort Gottes hineingenommen. Das Evangelium ist nicht nur ein geschriebener Text, sondern auch ein Lebensstil, eine befreiende Lebensweise.

Ein besonderes Problem

Wenn wir das asiatische Antlitz Jesu ernst nehmen, kommen wir mit der asiatischen Realität in Berührung. Es gibt in Asien etliche nicht-christliche Religionen, die zum Teil viel älter und mithin einflussreicher sind als das Christentum. Die vielfältigen Kulturen Asiens sind von diesen Religionen geformt worden und eng mit ihnen verbunden. Sie gehören zusammen: Die Religionen haben die Kulturen aufgebaut, und die Kulturen tragen die Religionen. Wie bei uns auf den Philippinen. Einige sagen, wir hätten eine christliche Kultur, weil wir mehrheitlich katholisch sind. Die Kultur trägt die Kirche.

Und genau das ist das Problem. Unser Glaube sagt, dass dieser ganz konkrete Mann, Jesus, der ein ganz bestimmtes jüdisch-asiatisches Gesicht hatte, der Christus, der Erlöser ist. Er ist kein Erlöser für einige wenige, sondern für alle. Wir erheben, was Jesus betrifft, einen Universalitätsanspruch. Er ist der Weg, die Wahrheit und das Leben. Das sehen wir in der Schrift: »Niemand kommt zum Vater außer durch mich« (Joh 14,6); »Jesus ist der Mittler« (vgl. 1 Tim 2,5). Die paulinischen und die katholischen Briefe erklären, dass es außerhalb des Namens Jesu kein Heil gibt. Auf einem einzigen Weg gelangen wir zum Heil: im Namen Jesu. Für uns Christen, für uns Katholiken ist das normal.

Das Antlitz Christi, das asiatisch ist, ist auch das Antlitz des Erlösers aller Menschen.

Das stellt jedoch in Asien, wo es so viele Religionen mit ihren je spezifischen Heilstheologien gibt, ein besonderes Problem dar. Alle diese Religionen haben ihre eigene Erlösergestalt. Deshalb wollen die Andersgläubigen, wenn wir ihnen das asiatische Antlitz Jesu zeigen, der zugleich der Erlöser der Welt ist, das nicht akzeptieren.

Viele asiatische Theologen vertreten die Ansicht, dass die Ausschließlichkeit, mit der wir das Heil in Jesus geltend machen, die Harmonie der Kulturen in Asien störe. Einige schlagen vor, alle Religionen gleichzustellen, sodass das Antlitz Jesu nur eines von vielen möglichen Gesichtern der Inkarnation des Geheimnisses Gottes ist. »Konzentriert euch nicht so sehr auf das menschliche Gesicht Jesu«, sagen sie. »Konzentriert euch lieber auf das göttliche Antlitz des Mysteriums. Seid eher theozentrisch als christozentrisch.« Diese Theologen sehen, dass all die anderen Religionen sich auf Gott konzentrieren. Unser Weg zu Gott ist Jesus Christus, während die Wege der anderen über ihre je eigenen Erlösergestalten führen. Deshalb sagen sie: »Für euch Christen mag das asiatische Gesicht Jesu eine gute Sache sein, aber ihr könnt es uns nicht allen als das Gesicht des Erlösers aller Menschen aufzwingen.«

Das führt dann zu einer Theorie des religiösen Pluralismus, die alle Religionen als gottgewollt betrachtet. Nicht nur der jüdisch-christliche Glaube ist von Gott gewollt, sondern alle Religionen. Mit anderen Worten, alle Religionen sind Wege, um Gott zu erreichen. Können also die verschiedenen Religionen einander respektieren, das heißt zulassen, dass eine jede gedeiht? Bedeutet diese Theorie, dass wir Christen unsere Absolutheitsansprüche im Hinblick auf

Jesus und auf die Kirche relativieren müssen? In der Vergangenheit haben wir Christen unverbrüchlich an der Lehre festgehalten, dass die katholische die einzig wahre Religion und dass die Taufe heilsnotwendig ist. Wir hatten sogar ein Dictum, das je nachdem unterschiedlich interpretiert worden ist: »Außerhalb der Kirche gibt es kein Heil.«

Das asiatische Antlitz des einzigen Erlösers wird in Asien zum Problem. Dessen ungeachtet wollen wir weiterhin nach dem asiatischen Antlitz Jesu suchen; es kann in unseren asiatischen Brüdern und Schwestern gefunden werden. Wir müssen nicht weit gehen, um uns bewusst zu machen, dass ein großer Teil der Leidenden und der Armen dieser Welt in Asien lebt. Auf diesem bevölkerungsreichsten Kontinent des Planeten ist die Mehrheit der Menschen arm. Also sind es vor allem die Gesichter der leidenden Opfer in Asien, jener Menschen, die unsere Gesellschaft am liebsten begraben und vergessen würde, in denen wir die Gesichter Jesu sehen.

In dem apostolischen Schreiben *Ecclesia in Asia* beschreibt Johannes Pau II. Asien nicht als geografischen Raum, sondern als ein Volk, das großen Hunger, großen Durst und große Lust auf das Leben hat. Das Gesicht Asiens ist also das Gesicht eines Volkes, das das Leben sucht. Das asiatische Gesicht Jesu ist kein Thema für theoretische Erörterungen. Einige Aspekte erfordern eine ernsthafte, traditionsbasierte Diskussion; aber in unserem Alltagsleben können wir das Antlitz Jesu im Gesicht des erstbesten Menschen sehen, der uns auf der Straße begegnet – ausgehungert, einsam, auf der Suche nach dem Sinn des Lebens.

Wie es in dem Kirchenlied heißt, das Father Eduardo Hontiveros SJ komponiert hat:

Tulutan mo aking mata	Lass meine Augen
Mamulat sa katotohanan	wahrhaft sehen,
Ikaw Poon makikilala	dass Du, Herr, Dich finden lässt
Sa kapwang mapagkumbaba	im demütigen Nächsten,
Hesus na aking kapatid	Jesus, mein Bruder

Jesus wird in Asien geboren. Heute wird er in einer Vielzahl asiatischer Welten in diese Welt »inkarniert« – vor allem in den Millionen von Menschen, die in Asien arm sind und leiden.

VI.

Die Isolation aufbrechen

Es gibt viele Arten, über die Osterereignisse insbesondere zwischen Gründonnerstag und der Osternacht nachzudenken. In diesem Jahr hat mich die Sichtweise von Hans Urs von Balthasar sehr beeindruckt, einem der größten Theologen unserer Zeit. Er beschreibt das Ostergeheimnis als eine Reihe von Gehbewegungen. Am Gründonnerstag geht Jesus in das Obergemach und in den Garten der Entscheidung. Am Freitag geht er ans Kreuz. Am Samstag geht er zu den Toten. Am Ostertag geht er zum Vater. In der vorliegenden Betrachtung will ich mich auf die letzten beiden Gehbewegungen konzentrieren.

Am Karsamstag geht Jesus zu den Toten. Das gehört zum Credo, aber oft beachten wir es kaum. Wir beten einfach nur: »gelitten unter Pontius Pilatus, gekreuzigt, gestorben und begraben, hinabgestiegen in das Reich des Todes; am dritten Tage auferstanden von den Toten«. Es gehört zum Credo, aber mit welcher Macht sich dieser Glaube auf unser pastorales Leben und auf die Fülle unseres christlichen Lebens – insbesondere im Hinblick auf unser Engagement in der Welt und die Veränderung unserer Gesellschaft – auswirken kann, ist noch nicht bis ins Letzte erforscht worden. Über diesen Teil des Geheimnisses vom Leiden und von der Auferstehung Jesu nachzudenken, kann unserer Umkehr und auch unserem apostolischen Engagement in der Welt von heute einen kraftvollen Impuls geben.

Der Tod als Isolation

Zuallererst möchte ich in aller Kürze die jüdische Vorstellung vom Tod und vom Ort der Toten erläutern. Die ältesten Glaubensformeln waren nämlich weitgehend von der jüdischen Sichtweise beeinflusst. Für die Juden ist der Tod genau wie die Krankheit ein Ereignis, das in die Isolation führt. Wenn wir krank werden, werden wir isoliert. Du wirst buchstäblich unter Quarantäne gestellt. Du bekommst ein Zimmer zugewiesen, das die anderen nicht betreten dürfen. Du bekommst einen Teller, ein Glas, einen Löffel und eine Gabel, die niemand sonst benutzen darf. In diesem Sinne ist die Krankheit der Beginn eines langsamen Isolationsprozesses.

Deine sozialen Beziehungen nehmen ab – angefangen bei der Tatsache, dass du nicht mehr mit deiner Familie zusammen am Tisch sitzt, nicht mehr in die Tanzschule gehst, dich nicht mehr mit Freunden triffst, um *Mahjongg* zu spielen. Viele Aspekte des sozialen Lebens werden durch die Krankheit beeinträchtigt. Jemand kümmert sich um dich, aber das ändert nichts an der Tatsache, dass die Krankheit isoliert.

Der alten jüdischen Weltanschauung zufolge ist der Tod der Höhepunkt dieser Isolation. Wenn jemand stirbt, wird er in gewissem Sinne aus der Welt der Lebenden ausgeschlossen. Und wo endet er? Im Reich der Toten. Die Griechen hatten einen wunderschönen Namen dafür: *Hades*. Auf Hebräisch heißt es *Scheol*. Die Toten kommen in den Hades und werden »Schatten« genannt. Sie bestehen in einer Art Nicht-Existenz. Warum? Weil es im Hades keine Kommunikation zwischen den Schatten gibt. Das Gedränge unter den Schatten mag noch so groß sein, und dennoch fehlt etwas: die Kommunikation. Die fehlende Kommunikation ist das unverwechselbare Merkmal des Totenreichs. Im Hades können die Verstorbenen förmlich aneinanderkleben, ohne dass sie das Gefühl haben, miteinander in Kontakt zu sein.

Und was noch schlimmer ist: im Hades gibt es keinen Lobpreis. Die Schatten können nicht mit Gott kommunizieren. Die Kommunikation mit Gott insbesondere in Form von Anbetung oder Lobpreis ist einfach abgerissen. Und das ist der eigentliche Tod. Der Hades ist ein Ort, wo keine Kommunikation mit Gott möglich ist. Der lebendige Gott und das Reich der Toten können einander nicht begegnen. Für Gott, der das Leben ist, gibt es im Hades keinen Platz. Infolgedessen ist das Reich der Toten ein Ort, wo die Gemeinschaft schwindet. Die Gemeinschaft der Toten untereinander und, schlimmer noch, die Gemeinschaft mit Gott verkümmern.

Der Tod ist nicht nur eine biologische Tatsache, er ist das Ende der Kommunikation. Der Zusammenbruch der biologischen Systeme ist nicht die einzige Todesursache. Man macht auch dann eine echte Todeserfahrung, wenn es keine Möglichkeit der Gemeinschaft mehr gibt, keine Möglichkeit, Person zu sein. Person ist man ja gerade dann, wenn man sich in Gemeinschaft mit anderen befindet. Wenn ich nicht in Gemeinschaft bin, wenn ich nicht in der Lage bin, zu kommunizieren, oder wenn ich meine Fähigkeit verliere, mit anderen zusammen zu sein, dann bin ich tot. Und wirklich tot bin ich vor allem dann, wenn ich nicht mehr in der Lage bin, mit Gott zu kommunizieren. Deshalb haben die Schatten im Hades kein wirkliches Dasein. Sie existieren physisch, aber ihre Existenz ist eine Nicht-Existenz, weil ihnen das Herz des Lebens fehlt: die Gemeinschaft, die Kommunikation mit den anderen und die Kommunikation mit Gott.

Man muss nicht physisch sterben, um im Hades zu sein. Viele Menschen befinden sich bereits im Totenreich, weil sie nicht kommunizieren; sie sind nicht in Gemeinschaft.

Du kannst in einem wunderschönen Haus wohnen und doch im Hades leben. Wenn es zwischen den Bewohnern eines Hauses keine volle Gemeinschaft gibt, wenn es keine volle Gemeinschaft mit Gott gibt, dann sind wir *lebende Tote*. Ihr könnt euch denken, wie viele Menschen in diesem Sinne bereits tot sind. Sie sind einfach allein. Sie haben niemanden, mit dem sie reden können. Sie haben niemanden, mit dem sie – gar nicht so sehr ihre Traurigkeiten, sondern, was noch viel schwerer ist, ihre Freuden – teilen können.

Ich erinnere mich noch an einen der schwierigsten Momente in meinem Leben als junger Priester. Ich dachte damals, das schlimmste Leid sei, alleine zu sein und niemanden zu haben, mit dem man seinen Schmerz teilen kann. Das ist in der Tat schlimm, aber noch schlimmer ist es, glücklich zu sein und niemanden zu haben, mit dem man sein Glück teilen kann – dann ist man wirklich tot. Und die Zahl der Toten steigt.

Einige sind der Ansicht, das Handy sei ein Mittel, »Beziehungen zu knüpfen«, zu kommunizieren. Ernsthaft? Ist es nicht eher so, dass es noch mehr Tote produziert? Einmal war ich eingeladen, das Haus einer Familie zu segnen, die ich nicht kannte. Der Priester, der die Segnung eigentlich hatte vornehmen sollen, hatte einen Unfall gehabt und der Familie meinen Namen genannt. Weil es sich um einen Notfall handelte, sagte ich zu, aber ich wies die Familie darauf hin, dass ich danach noch eine andere Verpflichtung hätte: Nach der Haussegnung würde ich sofort wieder aufbrechen müssen. Sie sagten mir: »Ist gut, Father, kein Problem.«

Sie holten mich mit dem Wagen ab. Drei erwachsene Söhne, einer saß am Steuer. Niemand grüßte. Als ich ihnen sagte, ich sei Father Chito, öffneten sie einfach nur den Wagenschlag und ließen mich einsteigen. Auf dem ganzen Weg vom Seminar, wo ich lebte, bis zum Haus sprach niemand ein Wort. Der Fahrer musste sich natürlich auf die Straße konzentrieren, aber die anderen beiden Brüder sprachen nicht mit mir, weil sie viel zu sehr damit beschäftigt waren, mit ihren Handys Nachrichten auszutauschen. Ich dachte: »Okay, wenn sie nicht mit mir reden wollen, was soll ich machen? Ich kann sie ja schlecht dazu zwingen.« Aber ich fühlte mich nicht wohl dabei.

Was ist aus unserer traditionellen philippinischen Höflichkeit geworden? *Magandang hapon man lang*, ein einfaches »Guten Tag!« hätte schon gereicht. Ich bekam Lust, ihnen zu sagen, dass sie mir Unbehagen verursachten und dass ich ein bisschen Respekt verdiente. Schließlich waren sie es, die etwas von mir wollten. Da ich mit niemandem darüber reden konnte, nahm mein Unmut rasch zu.

Was mich in gewissem Maße beruhigte, war die Entdeckung, dass die beiden Jungen sich gegenseitig Nachrichten schickten. Sie saßen im selben Auto und schafften es nicht, miteinander zu reden. Schließlich sagte der eine laut: »Hey, was hast du da geschrieben? Das kapier ich nicht.« Darauf der Bruder anstelle einer Erklärung: »Ah, okay, dann schreib ich es noch mal anders.« Ich war sprachlos, und mir kam der Gedanke, dass der Hades oder das Totenreich in unserer Zeit »Handy« heißen müsste.

Ich weiß nicht, ob die Beziehungen, die wir knüpfen, uns zur Fülle unseres Person-Seins verhelfen. Aber wenn ich in Gemeinschaft bin, dann sind da andere, die Zugang zu meinem Herzen haben und mit denen ich meine innersten Gedanken und Gefühle teilen kann. Der jüdischen Weltanschauung zufolge ist das das Wesentliche im

Leben. Leben heißt, mit den anderen und mit Gott in Gemeinschaft zu sein. Wenn man ins Reich der Toten geht, ist diese Gemeinschaft unterbrochen. In das Reich des Todes hinabzusteigen heißt, an einen Ort zu gehen, wo man den Tod der Nicht-Kommunikation, der Isolation und der Trostlosigkeit stirbt.

Der Sohn Gottes geht zu den Toten

Jesus hat den Abstieg in die Unterwelt nicht erfunden. Er war Teil der jüdischen Weltsicht, die wir Christen beibehalten haben. Jeder Mensch, der stirbt, geht an den Ort der Toten. Gebrauchen wir vor diesem jüdischen Hintergrund unsere christliche Fantasie und stellen uns Jesus vor, der begraben wird und in das Reich des Todes hinabsteigt.

Wer geht zu den Toten? Der Sohn Gottes. Der Sohn Gottes geht an den Ort, wo der Vater nicht kommunizieren kann. Der Sohn Gottes setzt eine Kommunikation in Gang, die, von der Wirklichkeit des Todes aus betrachtet, unmöglich und verboten ist. Mit seinem Abstieg in das Reich des Todes eröffnet der Sohn Gottes dort eine Kommunikation, wo keine Kommunikation möglich ist. Mit seinem Gang zu den Toten bricht der Sohn Gottes die durch den Tod erzwungene Isolation auf, und er tut dies aus freien Stücken.

Wie konnte er an den Ort der Toten gelangen? Indem er selbst starb. Er, der zu den Toten geht, ist seinerseits gestorben. Er, der an den Ort der Toten geht, hat seinerseits die Erfahrung der Isolation, der Verlassenheit und der Trostlosigkeit gemacht. Deshalb konnte er ausrufen: »Mein Gott, mein Gott, warum hast du mich verlassen?« Es ist sehr bedeutsam, dass Jesus, der Gott sonst immer *Abba* nannte – ein Kosewort, das Vertrautheit ausdrückt –, diese Anrede am Kreuz nicht verwendet. Er kehrt zur formellen Anrede »mein Gott, mein Gott« zurück. Am Kreuz gibt es keine Vertrautheit. Am Kreuz gibt es nur Verlassenheit und Isolation. Er sah seine Freunde, die bei der Kreuzigung dabei waren – aber nur von Weitem. Das Kreuz war ein echter Tod. Nicht nur in dem Sinne, dass Jesus dort den letzten Atemzug getan hat, sondern auch in dem Sinne, dass er den Kommunikationsverlust, den Verlust der Gemeinschaft erlebt hat. Er hat die Agonie der Isolation erfahren. Das Kreuz war ein echter Tod. Das Alleinsein war sein Ende. Ein totaler Tod. Und jetzt geht dieser Mensch, der wirklich tot ist, an den Ort der Toten.

Der Sohn Gottes bricht die Isolation der Toten auf, indem er sich an den Ort der Toten begibt. Und das ist nicht alles: Noch faszinierender ist, dass er an den Ort der Toten gehen kann, weil er selbst tot ist. Er solidarisiert sich mit den Toten. Was ist das für eine Solidarität? Eine Solidarität im wirklichen Tod. Er ist nicht als einer an den Ort der Toten gegangen, der stark war und das Leben bringen konnte. Nein, er ist als einer dorthin gegangen, der seinerseits gestorben war, einer, der die Isolation, die Verlassenheit und die Trostlosigkeit selbst durchlitten hatte. Er, der die Isolation aufbrechen würde, war seinerseits isoliert; nur durch die Solidarität konnte er die Isolation aufbrechen.

Die Solidarität. Mit seinem Abstieg in das Reich des Todes zeigt Jesus, was Solidarität wirklich bedeutet. Du gehst nicht mit deiner Kraft zu den Toten, mit deiner Macht, mit den Dingen, die du geben kannst. Du gehst mit deiner Solidarität zu den Toten, mit deinem eigenen Tot-Sein. Auf diese Weise bist du zutiefst in Gemeinschaft mit den anderen. Das ist das Geheimnis des Karsamstags. Jesus ist wirklich tot, geht an den Ort der Toten und bricht ihre Isolation auf; aber um das zu tun, musste er erst selbst isoliert sein.

Wie soll man den Karsamstag begehen? Ein niederländischer Schriftsteller hat auf diese Frage eine schöne Antwort gefunden. Er schreibt: »In unserer Zeit brauchen wir keine Unterstützung, sondern Solidarität.« Manche meinen, es genüge, eine Sache oder eine Gemeinschaft zu unterstützen, um mit ihr solidarisch zu sein. Nein. Solidarität bedeutet – das ist die harte Wahrheit des Karsamstags –, dass ich wie Jesus zu den Toten gehen muss, um den Tod zu überwinden. Aber zuerst muss ich selbst wie die Toten sein. Ich muss meinerseits tot sein, denn wenn ich es nicht wäre, wie könnte ich dann an den Ort der Toten gehen?

Solidarität bedeutet, nicht deshalb in eine bestimmte Gemeinschaft zu gehen, weil ich dort meine Stärke, meine Leistung, irgendetwas beitragen kann, was den anderen fehlt. Solidarität bedeutet, dorthin zu gehen, weil auch ich bedürftig bin. Ich bringe meine Bedürfnisse zu ihren Bedürfnissen. Ich bringe meine Schwächen zu ihren Schwächen. Ich bringe meine Angst und meine Befürchtungen zu ihren Ängsten und ihren Befürchtungen. Ich gehe nicht als Lebender zu den Toten. Solidarität heißt, dass der Tote zu den Toten geht.

Es sieht so aus, als wäre Unterstützung anbieten leichter, als solidarisch zu sein. In dieser Welt fehlt es nicht an Unterstützern, denn es ist leicht, einen Scheck zu schicken und dann weiterzumachen wie bisher. Wenn ich ein Paket mit Konserven schicke, darf ich mich schon als Unterstützer fühlen. Und mein Leben geht ohne nennenswerte Veränderungen weiter seinen Gang. Der Karsamstag lehrt uns die harte Wahrheit der Solidarität. Denken wir daran: Der zu den Toten geht, ist selbst gestorben. Nur die Toten können die Isolation des Todes überwinden.

Erlaubt mir, euch ein paar kleine Geschichten zu erzählen. Mit Geschichten lässt sich das Geheimnis manchmal besser veranschaulichen. Wir erkennen, dass das Geheimnis wirklich lebendig ist, wenn wir uns ansehen, was im Leben geschieht und wie Menschen diese Geheimnisse erleben.

1989 war ich zu Forschungszwecken in Rom und wohnte bei den Patres vom Unbefleckten Herzen Mariens (CICM). Ich war der einzige Filipino in einer kleinen Gemeinschaft aus acht geistlichen Studenten. Der Obere des Hauses war damals ein Belgier, der als Missionar auf den Philippinen gewesen war. Er hatte einen verheirateten Cousin, der in Rom als Manager tätig war. Als er wieder einmal bei seinem Verwandten zu Besuch war, erzählte der belgische Pater ihm, dass bei ihnen im Haus gerade ein philippinischer Priester lebte. Daraufhin luden mich der Cousin und seine Frau sofort zum Abendessen ein. Als ich von der Einladung erfuhr, sagte ich zu dem belgischen Pater: »Ich kenne Ihren Cousin und seine Frau doch gar nicht, das wird vielleicht kein so schöner Abend.« Ich dachte, dass ein Essen mit Fremden mich allzu sehr in Verlegenheit bringen würde, und wollte die Einladung daher ablehnen. Doch der Pater entgegnete: »Mein Cousin besteht darauf, weil ihre Hausangestellte von den Philippinen kommt, und ihr Chauffeur ebenfalls.«

Im ersten Moment war ich verärgert über diese Erklärung. Ich dachte, sie hätten mich eingeladen, um mir zu zeigen, dass sie eine Hausangestellte und einen Chauffeur von den Philippinen hatten (die beiden waren verheiratet). Aber weil der belgische Priester, der in Rom mein Gastgeber war, weiter darauf bestand, nahm ich die Einladung zum Abendessen an.

Als wir zum verabredeten Zeitpunkt eintrafen, öffnete uns die philippinische Hausangestellte in Schürze und Häubchen die Tür. Ich wurde ihr vorgestellt, und als sie herausfand, dass ich auch von den Philippinen kam – ich sehe chinesisch aus –, reagierte sie typisch philippinisch. »Father! Wie geht es unserem geliebten Land? Aus welcher Gegend auf den Philippinen kommen Sie?« Ich sagte ihr, dass ich aus Cavite sei. Die Hausangestellte und ihr Mann kamen vom Visayas-Archipel, waren aber in Manila aufgewachsen.

Sie wollte unbedingt irgendeine Verbindung zwischen uns finden. Ich spürte ihr tiefes Gefühl der Isolation, und jetzt ergab sich plötzlich durch Zufall dieser Kontakt.

Sie stellte mir unzählige Fragen, und ich antwortete, so gut ich konnte. Ich kannte sie gar nicht, aber wir erzählten uns eine Geschichte nach der anderen. Damals war ich noch an einer amerikanischen Universität eingeschrieben: Washington und die Vereinigten Staaten im Allgemeinen kannte ich gut, aber über die Situation auf den Philippinen wusste ich nicht wirklich viel. Erstaunt stellte ich fest, dass ich ebenfalls isoliert war. Dieses philippinische Ehepaar war isoliert, und jetzt war ich hier bei ihnen. Isolierte Menschen begegnen einander. Die Toten gehen zu den Toten, und was wird daraus? Eine Explosion von Leben.

Sie erzählte mir, dass sie einen Master in Pädagogik habe und Dozentin an einer Universität in Manila gewesen sei. Ihr Mann hatte Kriminologie studiert und unterrichtet. Ihr Dozenteneinkommen hatte jedoch nicht ausgereicht, um das Medizinstudium ihrer beiden Söhne zu finanzieren. Sie seufzte: »Father, wir müssen unsere Abschlüsse jeden Tag vergessen. Wenn wir die Waschmaschine ausräumen oder das Geschirr spülen, müssen wir diesen Gedanken beiseiteschieben. Ich darf nicht darüber nachdenken, dass mein Bildungsniveau vielleicht höher ist als das meines Arbeitgebers. Ich denke nur an meine Söhne.« Wir erzählten uns weiter Geschichten und vergossen auch ein paar Tränen miteinander.

Nach einigen Minuten erschien die Frau des Managers und sagte, dass das Essen fertig sei. Die Hausangestellte sprang wie von der Tarantel gestochen auf und rief: »Oh nein, ich habe gar nicht in der Küche geholfen!« Völlig aufgelöst sagte sie zu mir: »Father, nur ein paar Minuten, ich muss schnell in die Küche.« Doch die Belgierin hielt sie auf und bat sie, sich umzuziehen. »Heute Abend seid ihr meine Gäste, geht jetzt in euer Zimmer und zieht euch für den Anlass etwas Passendes an.« Das philippinische Paar sträubte sich, aber ich sagte auf Philippinisch zu ihnen: »Hinauf mit euch! Tut, was sie sagt, und zieht euch um.« Sie gingen auf ihr Zimmer, und als sie wiederkamen, trugen sie schöne Kleider, die sie offensichtlich schon lange nicht mehr angehabt hatten. Die Frau hatte sich aufwendig frisiert und geschminkt, und ihr Mann trug einen *Polo Barong*[1]. Ihre Kleider waren sehr fein, aber zerknittert, weil sie lange eingepackt irgendwo weit hinten im Schrank gele-

1 Das formelle Gewand der philippinischen Männer ist ein elegantes besticktes Hemd, das über der Hose getragen wird. Es heißt *Barong Tagalog*, und sein feines Gewebe besteht aus besonderen Fasern (die begehrteste wird aus den Blättern der Ananaspflanze hergestellt). Ein schlichteres Modell ist der kurzärmelige *Polo Barong*, der aus Baumwolle besteht. (*A. d. R.*)

gen hatten, und das Paar schien sich in seinen festlichen Gewändern ein wenig unbehaglich zu fühlen.

Was für ein außergewöhnliches Essen! Die Hausangestellte und der Chauffeur saßen mit uns Priestern am Tisch, das belgische Ehepaar trug die Gänge auf und unterhielt uns. Ich konnte gar nicht essen, weil ich so voller Freude war. Ich erinnere mich nicht einmal mehr daran, was es zu essen gab. Man konnte das Gefühl der Befreiung geradezu mit Händen greifen. Die Hausangestellte und der Chauffeur waren der König und die Königin des Hauses geworden. Das frühere Königspaar hatte sich in die Reihen der »Toten« begeben und begonnen zu dienen. Es ist schwierig, sich zu erinnern, wer wer war bei diesem Abendessen: wer der Hausherr war, wer die Haushälterin, wer der Priester. Es war einfach eine Gemeinschaft des Lebens und der Liebe. Es war die Versammlung der »Toten«: allesamt Fremde in Italien, die sich jedoch gegenseitig halfen, die Zäune ihrer Isolation einzureißen.

Am nächsten Tag – das kann man sich schon denken – war alles wieder wie vorher. Der Hausherr war wieder Hausherr, die Hausangestellte wieder Hausangestellte. Und doch bin ich mir sicher, dass in dieser Familie ein neues Leben begonnen hatte, dass ein Same der Andersartigkeit, ein Same der Befreiung gekeimt war. Das ist der Karsamstag. Menschen, die zum Sterben bereit sind und in deren Tod – ihrem Tod, nicht ihrer Stärke, nicht ihrer Geberrolle, sondern ihrer Nichtigkeit – das Leben hervortritt.

Ich erzähle euch noch eine andere Geschichte. Sie hat sich während einer geistlichen Unterredung mit einem Gläubigen zugetragen, also in einer Situation, die für einen Priester nicht ungewöhnlich ist. Als ich noch sehr jung und noch nicht lange Priester war, verstand ich die geistliche

Leitung trotz der Lektionen, die ich gelernt hatte, so, dass die Person, die zu mir kam und mich um Rat fragte, in hohem Maße bedürftig war. *Kaya nga pumupunta iyan eh* (deswegen kommen sie überhaupt erst zu dir). Der oder die Betreffende ist ein Konzentrat aus Bedürfnissen, Erwartungen und Krisen und hat sich entschlossen, zu mir zu kommen. Mit anderen Worten, dieser Mensch braucht etwas, und ich bin derjenige, der ihm gibt, was er braucht. Er ist verwirrt, ich aber bin der Inbegriff der Erleuchtung und Klarheit. Es steht zu hoffen, dass er nach unserer Begegnung mit klarem Verstand nach Hause gehen und ich mit dem einen oder anderen Zweifel und einer gewissen Ratlosigkeit zurückbleiben werde. Das ist aber nicht das, was wir in der Schule gelernt haben.

Ich war ein ungeduldiger junger geistlicher Leiter. So ungeduldig, dass mir, sobald jemand zu mir kam, ein kurzer Blick genügte, um zu wissen, worin sein Problem bestand. Wenn er zu mir sagte: »Father, ich bin bei meiner Großmutter aufgewachsen« … Aha, den hat seine Oma großgezogen! Also ist er zornig auf seine Eltern. »Du bist voller Zorn.« Noch ehe er mir seine Geschichte überhaupt erzählt hatte, wusste ich schon, was ihm widerfahren war. Und so versuchte ich ihn davon zu überzeugen, dass er innerlich zornig war. Und er verneinte: »Aber nein, Father, ich fühle nichts dergleichen.« – »Siehst du? Du wirst laut. Du fängst schon an, mich deinen Zorn spüren zu lassen. Ich vertrete für dich die Vaterfigur, aber du hattest von klein auf nie Gelegenheit, deinem Vater deinen Zorn zu zeigen. Das lässt du jetzt an mir aus.«

Ganyan lang tayo eh, lagi tayong magaling (so sind wir, immer die Klügeren). Wir sind nicht nur *magaling* (klug), sondern auch allwissend. Für jede menschliche Situation haben wir eine Analyse und eine Antwort parat. Oft enthält die Antwort die Lösung des Problems. Noch heute bin ich einem Seminaristen dankbar, weil er den Mut gehabt hat, mich mitten in einer geistlichen Unterredung zu unterbrechen: »Father, ich muss Ihnen das sagen. Schauen Sie, Sie reden zu viel. Ich habe Ihnen meine Geschichte noch gar nicht erzählt, und Sie meinen, sie schon zu kennen. Ich weiß ja, dass Sie klug sind, aber ich brauche Empathie.« In diesem Augenblick habe ich innegehalten und angefangen nachzudenken.

Was ist Empathie? Die Empathie ist der Karsamstag. Ihr begegnet Menschen in besonderen Situationen der Not, der Dunkelheit, der schmerzlichen Ungewissheit. Wenn ihr ihnen begegnet, dann seid Tote wie sie. Tretet nicht als der Stärkere oder der Klügere auf. *Hindi totoong kulang-kulang sila at ikaw buo* (es stimmt nicht, dass sie unvollständig und ihr ganz und heil seid). Das war für mich eine großartige Lektion.

Im Kontext der geistlichen Unterredungen habe ich noch eine weitere Lektion gelernt. Eine Person erzählte mir ihre Lebensgeschichte, und ich fragte mich voller Erstaunen, wie sie das alles überlebt hatte. Wie kann jemand, der so viele Schläge hat einstecken müssen, noch aufrecht stehen? Er erzählte mir seine Geschichte, die eine erschütternde Abfolge von Toden war, und ich saß einfach nur da und hörte zu. Ich konnte nichts anderes tun, als mit ihm zu weinen, die Ungewissheit zu teilen und zuzugeben, dass ich nicht wusste, was ich sagen sollte. Während ich diesem Menschen zuhörte, erinnerte ich mich auch an die dunklen Zeiten und die Schatten in meinem eigenen Leben. Irgendwann fragte ich mich dann, ob es seine oder meine Geschichte war, die ich da hörte. Am Ende sagst du dir: »Ich habe es verstanden. Jetzt weiß ich, wie sich das Sterben anfühlt. Ich weiß, wie sich Verwirrung anfühlt. Ich weiß, was es heißt, im Finstern zu leben.«

Wenn du keine Worte mehr hast und jemandem, der machtlos ist, nichts anderes bieten kannst als deine eigene Machtlosigkeit, dann verschwinden die Probleme und das Geheimnis gewinnt die Oberhand. Der Mensch, den du vor dir hast, ist nicht länger ein Problem, das es zu lösen gilt. Er wird zu einem Geheimnis, das betrachtet sein will, und du erhältst Zugang zu seinem Geheimnis, wenn du dein eigenes Geheimnis akzeptierst. Aus der Begegnung dieser beiden Geheimnisse erwächst neues Leben. Mag sein, dass die Probleme danach immer noch da sind, aber jetzt bist du nicht mehr allein. Du hast einen Freund, einen Gefährten, jemanden zum Mitfühlen; seine Tränen sind deine Tränen, seine Schreie deine Schreie. Seine Atemnot ist deine Atemnot. Empathie. Solidarität. Karsamstag.

Eine andere Geschichte hat mit Weihnachten zu tun. Es war noch zu meiner Studienzeit in Washington. Eine Freundin der Familie, eine Filipina, die seit 15 Jahren in den Vereinigten Staaten lebte, beschloss über Weihnachten nach Hause zu fliegen. Voller Vorfreude schrieb sie an viele Freunde und Verwandte, um sie über ihren bevorstehenden Urlaub auf den Philippinen zu informieren. Sie antworteten ihr, dass sie sich ebenfalls auf ihren Besuch freuten, zumal über Weihnachten. Sie schrieben ihr aber auch, dass sie vorsichtig sein solle, weil die Kriminalität in Manila gestiegen sei und den Frieden und die öffentliche Ordnung bedrohe. Am Ende rief sie mich an und sagte mir, sie sei nicht mehr sicher, ob sie überhaupt fahren solle. Ich riet ihr zu, sagte ihr aber auch, dass sie gut achtgeben und nicht unnötig mit ihren Dollars herumwedeln solle.

Sie kam vor Weihnachten in Manila an und war voller Angst. Wohin sie auch ging, klemmte sie sich die Handtasche fest unter den Arm, damit man sie ihr nicht fortreißen konnte. Sie dachte immerzu: »Diese Kinder, diese armen Menschen auf der Straße laufen herum und haben nur eines im Sinn: Geld aufzutreiben, auf die eine oder die andere Art. Ich komme gerade aus den Vereinigten Staaten, ich bin die Reiche, mich wollen sie ausrauben.« In ihrer Angst hatte sie eine scharfe Trennlinie zwischen dem Bereich der »Toten« – der schmutzigen, armen, notleidenden Menschen – und ihrem eigenen Bereich gezogen, den sie beschützen musste.

Wenige Tage vor Weihnachten fuhr sie mit ihrem Bruder über eine der Hauptstraßen von Manila, als das Auto eine Panne hatte. Der Bruder, der am Steuer saß, sagte zu ihr: »Ich muss einen Mechaniker holen gehen. Willst du im Auto auf mich warten? Du kannst dich einschließen oder draußen warten, aber wir müssen das Auto abschließen. Wenn etwas passiert, kannst du loslaufen und mir Bescheid geben.« Sie sagte: »Okay, ich warte draußen.«

Sie blieb in der Nähe des Wagens und fing an zu beten: »Herr, beschütze mich vor den Vergewaltigern, Herr, beschütze mich vor den Bettlern. Herr, schick mir keine Kinder, schick mir niemanden, der mich um Almosen bittet.« Sie bat den Herrn um Schutz vor allem, was ihr Angst machte. Aber Gott schickte ihr einen Bettler, einen kleinen Jungen.

»Wir haben heute noch nichts gegessen. Meine Mutter hat gesagt, dass du uns vielleicht helfen kannst. Kannst du uns ein bisschen Geld geben, um etwas zu essen zu kaufen?« Meine Freundin geriet in Panik, öffnete die Tasche, griff blindlings hinein und zog den erstbesten Geldschein heraus: 500 Pesos, etwa neun Dollar. Als sie hinsah, dachte sie: »*Naku* (Herrje), 500!«, aber sie gab dem Jungen das Geld trotzdem. Nicht aus Nächstenliebe, sondern aus Angst und in dem Gedanken: »Ich habe dir etwas gegeben, jetzt lass mich in Frieden. Belästige mich nicht weiter. Ich kümmere mich nur um meine Angelegenheiten.« Dann dachte sie plötzlich: »Der Junge könnte anderen Bescheid geben, dass hier eine Frau steht und Fünfhunderter verteilt. Vielleicht kommen jetzt noch andere Leute und wollen Geld von mir!« Ihr gingen die absurdesten Ideen durch den Kopf. Vielleicht würde der Junge wiederkommen und sagen, dass sie auch noch Geld fürs Abendessen brauchten … Das Gedankenkarussell drehte und drehte sich und sie wurde immer ängstlicher.

Der Junge kam wirklich zurück. Er sagte zu ihr: »Meine Mutter hat gesagt, dass du uns zu viel Geld gegeben hast. Jetzt haben wir zu viel zu essen. Wir möchten gerne, dass du mit uns isst. Bitte komm.« Sie antwortete: »Ich kann nicht mit dir kommen, ich muss auf das Auto aufpassen.« – »Aber wir wohnen gleich da drüben«, sagte der Junge und zeigte auf eine Baracke in der Nähe der Straße. Sie sah aus wie die anderen Baracken am Roxas Boulevard: mit Wänden aus Plastiktüten. Die Art von Baracken, die die meisten Menschen zu ignorieren versuchen, wenn sie im Wagen über die berühmte Straße fahren. »Während wir essen, können wir auf dein Auto aufpassen.«

Irgendetwas muss mit meiner Freundin passiert sein: Sie ging mit dem Jungen. Sie betrat den Ort der Toten, das Haus der Ausgegrenzten. Sie betrat die Baracke und sah die Mutter des Jungen, ein Neugeborenes und drei weitere kleine Kinder. Das Erste, was die Mutter sagte, war: »Sie haben uns zu viel Geld gegeben. Hier ist der Rest. Ich wusste beim besten Willen nicht, woher ich für meine Kinder etwas zu essen nehmen sollte. Mein Mann hat seinen Lohn noch nicht bekommen. Es ist mir sehr unangenehm, aber ich wusste mir keinen anderen Rat. Die Kleinen müssen essen.«

Da sagte meine Freundin zu ihr: »Ich bitte Sie, behalten Sie das Geld. Sie können es für heute Abend oder für morgen nehmen, für Weihnachten.«

Die Mutter lud meine Freundin zum Essen ein, und sie setzte sich mit ihnen zu Tisch. Sie nahm das Baby auf den Arm und spielte mit den anderen Kindern. Das Auto, so erzählte sie mir später, hatte sie völlig vergessen. Die Umgebung muss sie irgendwie verzaubert haben. Sie sagte mir auch, es sei das allerschönste Weihnachtsessen ihres gesamten Aufenthalts gewesen. Es war das erste Mal, dass sie eine solche Baracke betrat und einer armen Frau die Hand drückte. »Zum ersten Mal konnte ich ein Kind auf den Armen halten, das in einer Squatter-Familie geboren worden war«, vertraute sie mir an. »Es waren erstaunliche, großzügige Menschen.«

Sie hatte den Ort der Toten betreten, aber sie hatte sich vorher bereit machen müssen, selbst zu sterben: ihren vorgefassten Meinungen und ihren Ängsten zu sterben. Erst als sie durch einen Anhauch der Gnade das Auto und alles, wofür das Auto stand, völlig vergessen hatte, war sie bereit, das Reich der Toten zu betreten. Und eine Quelle neuen Lebens begann zu sprudeln. Für sie war das das schönste Weihnachten, das beste Mittagessen. Und ich bin sicher, dass es auch für diese Familie ein wundersamer Besuch, eine gnadenhafte Erfahrung war.

Das ist Karsamstag, das ist Solidarität.

Folgen wir Jesus nach, der den Tod umarmt hat. Folgen wir ihm, wenn er an den Ort der Toten geht und unsere

Augen für den Hades öffnet, der sich in unserer Welt auf unzählige Arten manifestiert. Hören wir auf den Ruf Jesu, der will, dass wir andere nicht nur unterstützen, sondern dass wir wahrhaft solidarisch, wahrhaft empathisch sind: dass wir wahrhaftig sterben. Denn nur die, die tot sind, können die Isolation der Toten aufbrechen.

Ich möchte diese Gedanken mit einem Gebet beenden.

Himmlischer Vater, wir danken dir nicht nur für das Geschenk, das du uns in Jesus gemacht hast, sondern wollen dir auch unsere Ratlosigkeit bekennen. Dieser Mann, dein Sohn, der das Leben schenkt, stirbt wegen unserer Sündhaftigkeit und Auflehnung. Doch wir sehen auch, dass sein Sterben Solidarität mit all jenen war, die tot sind – eine Solidarität, die den Tod und die Isolation besiegt. Danke für diesen heiligen Tod. Danke für diesen Hinabstieg in das Reich des Todes.

Hilf uns, unsererseits zu sterben, und gib uns die Demut und den Mut, an den Ort der Toten zu gehen und nicht unsere Stärke, sondern unser Sterben und unsere Schwäche dorthin mitzunehmen. Denn nur in dieser Solidarität können wir Gemeinden, Familien, Städte und eine ganze Nation der echten Gemeinschaft und des wirklichen Lebens erstehen lassen.

Wir bitten die selige Jungfrau, die Frau, die so viele Tode gestorben ist, die Jesus mit ihrem Schmerz und ihrem Leid auf seinem Weg hinab in das Reich des Todes nachgefolgt ist, immer an unserer Seite zu gehen, während wir unsere Kreuze tragen, während wir gekreuzigt werden, während wir sterben.

Segne die, die sich allein und verlassen fühlen, die, die wegen der Unwissenheit, Diskriminierung und Gewalt-

tätigkeit der Welt Armut und Verfolgung leiden. Gib ihnen die Gewissheit, dass der Gekreuzigte sie auf wundersame Weise besucht hat und sie am Ort der Toten nicht länger alleine sind. Amen.

VII.

Den »Minderheiten« dienen

Um zu erläutern, wie die Theologie über den Missionsauftrag der Kirche bei denjenigen Menschen denkt, die in einem Minderheitenstatus leben, habe ich einen eher »theoretischen« als »existenziellen« Ansatz gewählt. Wenngleich es zutrifft, dass man keine ernsthaften Überlegungen anstellen kann, ohne sich auf die konkreten Lebenserfahrungen und Situationen der Menschen zu beziehen, so trifft es doch ebenso zu, dass es ohne Horizonte des Verstehens und Deutens auch keine Erfahrungen gibt. Im vorliegenden Kapitel soll erstens – als Beitrag zum theologischen Nachdenken – ein Bezugsrahmen für ein angemesseneres Verständnis des Missionsauftrags definiert werden, den die Kirche bei den Menschen mit Minderheitenstatus zu erfüllen hat. Und zweitens sollen Impulse gegeben werden, wie die derzeitige Umsetzung dieses Missionsauftrags bei den Menschen in Minderheitensituationen gesteuert oder neu ausgerichtet werden kann.

Der erste Teil des Kapitels beschäftigt sich mit der Lage derjenigen Menschen, die eine Minderheit sind oder sich in einer minderheitlichen Situation befinden. Im zweiten Teil soll gezeigt werden, wie die Kirche sich diese Situationen zu eigen machen und auf diese Weise ihr Missionsverständnis neu interpretieren kann. Anschließend wird der Frage nachzugehen sein, was für eine Art von Kirche durch diesen von der Minderheit her neu gefassten Missionsbegriff hervorgebracht wird.

Im Lauf der Argumentation wird deutlich werden, dass die Mission nicht ausschließlich als eine für die Minderheiten geleistete Arbeit oder Aufgabe verstanden wird. Sie wird vielmehr als ein Moment des wechselseitigen Austauschs zwischen der Kirche und der Welt der Minderheiten dargestellt. Infolgedessen wird die Mission nicht als bloße »Ausführung« einer a priori gegebenen kirchlichen Wesenhaftigkeit, sondern als ein Prozess betrachtet werden, bei dem *Ekklesia* – kirchliches Sein, kirchliche Identität und kirchliche Wiedergeburt – erzeugt wird.

Beschreibung der minderheitlichen Realität

Versucht man eine Definition dessen, was unter Minderheit zu verstehen ist, liegt zunächst ein bloß quantitatives Verständnis nahe. Zu Minderheiten zählen diejenigen, die zahlenmäßig gegenüber anderen Bevölkerungsgruppen unterrepräsentiert sind, beispielsweise Asylbewerber, Flüchtlinge oder Angehörige ethnischer und religiöser Gruppen. In diesem Sinne bilden die Christen in fast allen asiatischen Ländern eine Minderheit. Dasselbe Verständnis des Begriffs liegt zugrunde, wenn man zum Beispiel feststellt, dass die Kaukasier – die Anfang des 20. Jahrhunderts 80 Prozent der gesamten christlichen Weltbevölkerung ausmachten – im Jahr 2020 innerhalb der Kirche in der Minderheit sein und nur mehr 20 Prozent der gesamten Christenheit stellen werden.[1] So verstanden bedeutet der Minderheitenstatus, dass man zu »den wenigen« gehört, die mitten unter »den anderen« leben, wobei diese »anderen« in der Masse »die meisten, die Mehrheit« der Gesellschaft bilden. Gleichwohl vermag die statistische Sicht auf den Minderheitenstatus die Situation eines Menschen, der einer Minderheit angehört, nicht voll und ganz zu erfassen.

1 Vgl. Robert Schreiter, »The Theological Meaning of a Truly Catholic Church«, in *New Theology Review* 7 (1994).

Wird darüber hinaus die Lebensqualität in den Blick genommen, treten neue Aspekte des Minderheitenstatus zutage. Die Aufmerksamkeit verlagert sich von den Zahlen auf die *konkreten Personen*, die erfahren, was es heißt, innerhalb einer sozialen Hierarchie als untergeordnet oder weniger wichtig betrachtet zu werden. In manchen Fällen drückt sich diese Zuschreibung von Minderwertigkeit darin aus, dass die betreffende Person behandelt wird, als wäre sie ewig minderjährig oder besäße nicht jene »Reife«, die bei anderen Mitgliedern der Gesellschaft selbstverständlich vorausgesetzt wird.

Diese qualitative Dimension des Minderheitenstatus verdient größere Aufmerksamkeit, weil die missachtete Wahrheit schwer auf unserem Gewissen lastet. Die zahlenmäßige Minderheit wird in einer gegebenen Gesellschaft nicht automatisch zur qualitativen »Minderwertigkeit«, wie die kulturelle Überlegenheit einer kleinen Elite beweist. Und umgekehrt kann es geschehen, dass die konkrete Lebenssituation der statistischen Mehrheit de facto die einer Minderheit ist. Wenn die Kirche mit der Minderheitenfrage befasst ist, wird gemeinhin der Begriff Minderheit im genannten qualitativen Sinngehalt verwendet.

Beispiele des Minderheitenstatus

Drei Beispiele sollen zeigen, wie Menschen in unterschiedlichen Lebenswirklichkeiten einen »Minderheitenstatus« erfahren:

Eine große Gruppe, auf die der Begriff Minderheit zutrifft, die aber unter rein quantitativem Aspekt den weit größeren Anteil der Menschheitsfamilie ausmacht, bilden die

Länder der sogenannten Dritten Welt. Die Menschen in diesen Ländern und – was nicht verschwiegen werden soll – zum Teil auch in Ländern der sogenannten Ersten Welt leiden daran, dass andere Menschen aufgrund ihrer Macht über ihr Schicksal bestimmen. Der Möglichkeit beraubt, ein wirklich menschenwürdiges Leben zu führen, ihrer Kultur und Identität entfremdet, erfahren sie buchstäblich verschiedene Arten von Kreuzigung. Berechtigterweise nennt man sie deshalb »Menschen, die gekreuzigt werden« – Opfer, die uns an die Gegenwart von Folterknechten erinnern.[2] Die Länder der »Dritten Welt« empfinden ihren Minderheitenstatus als eine ihnen von den Mächtigen dieser Welt diktierte Armut, die sie ganz bewusst in eben dieser Schwäche halten will.

Nahezu überall auf der Welt erzählen diejenigen, die ihre Heimat verlassen müssen, ihre je eigenen Geschichten. Seien es Flüchtlinge, gelernte oder ungelernte Arbeiter – sie alle halten uns vor Augen, dass ethnische Konflikte, Verfolgung politisch Andersdenkender, religiöse oder durch Stammesfehden bedingte kriegerische Auseinandersetzungen sowie Hunger ihre Lebenswirklichkeit bestimmen. Ebenso hinderlich ist das zwischenstaatliche Ungleichgewicht in Politik, Wirtschaft und Kultur, wodurch sie sowohl in geografische als auch in kulturelle Entfremdung hineinmanövriert sind.[3]

---

2 Jon Sobrino, »Die gekreuzigten Völker als der gegenwärtig leidende Knecht Jahwes. Zum Gedenken an Ignacio Ellacuría«, in: *1492–1992. Die Stimme der Opfer* (Concilium 6/1990), hg. v. Leonardo Boff und Virgil Elizondo, S. 523–530.

3 Vgl. Silvano Tomasi, »Der weltweite Kontext der Migration am Beispiel Asiens«, in: *Menschen auf der Flucht* (Concilium 4/1993), hg. v. Dietmar Mieth und Lisa Sowle Cahill, S. 278–283, hier S. 278 f.

Oft schon genügt die bloße Anwesenheit von Asylbewerbern, damit die Angst vor Überfremdung zu keimen beginnt. Leicht ist es dabei für die Aufnahmeländer, die Flüchtlinge zum Sündenbock für innerstaatliche Schwierigkeiten zu machen. Nicht selten werden mit solchen Argumenten die restriktiven Gesetze in der Asylfrage begründet. Erschwerend kommt hinzu, dass die kulturelle Identität der Flüchtlinge in der neuen Heimat zumeist nicht akzeptiert und auch nicht als Chance des interkulturellen Austausches betrachtet wird.[4] Meist stoßen sie auf Ablehnung und sind so ausgeschlossen von dem, was gesellschaftsprägend in den Ländern ist, wohin sie geflohen sind. Es bleibt ihnen, dass sie allein unter dem Aspekt ihrer ethnischen Zugehörigkeit definiert werden, die nahezu selbstverständlich als minderwertig eingestuft wird.[5]

Die Minderheitensituation von Frauen lässt sich, wie Feministinnen zu Recht herausstellen, mit Sexismus näher charakterisieren, der auf der gleichen Ebene anzusiedeln ist wie Ethnozentrismus und Rassismus. Welche Wirkung sexistische Denkmuster heute noch zeigen, wird allein schon daran sichtbar, dass Frauen im Vergleich zu Männern immer noch für geringer und weniger wert gehalten werden. Als Begründung hierfür verweist man gerne auf ihre physisch scheinbar schwächere Konstitution sowie ihre psychische Labilität. Frauen stehen an den Rändern der Gesellschaft, sind ausgeschlossen vom Wesentlichen. Am Rand zu

---

4 Vgl. ebd. S. 279.

5 Vgl. Paul Schotsmans, »Ethnozentrik und Rassismus: Ist das Christentum mitverantwortlich?«, in: *Menschen auf der Flucht*, S. 333–338, hier S. 333 f.

stehen bedeutet aber, weniger wichtig zu sein, nicht ernst genommen oder einfach übersehen zu werden.[6]

Die Andersheit der anderen

Alle diese Geschichten von Menschen, die für gering geachtet werden, sind nur ein kleiner Ausschnitt, der aber hinreichend Einblick in die Welt der Minderheiten verschafft – eine Welt, die gewissermaßen durch die Unvertrautheit im Umgang mit dem anderen, mit der Andersheit geschaffen wurde. Die Erfahrungen von Minderheiten zeigen, dass oftmals unter Unterschied gegenseitiger Ausschluss verstanden wird. Nach diesem Schema definiert eine Einzelperson oder eine Gruppe ihre je eigene Identität, indem sie sich selbst gegenüber den anderen abgrenzt. Andersheit ist eine Sache von Absonderung. Diese abschottende Haltung gegenüber den anderen setzt nicht nur Vorurteile in die Welt, sondern beschwort auch Emotionen herauf.[7] Da uns in der Tat die anderen zeigen, wer wir wirklich sind, uns gewissermaßen den Spiegel vor Augen halten, neigen wir dazu, die anderen außer Acht zu lassen oder sie in einer Art Zerrbild wahrzunehmen. Wir setzen vieles daran, ihre kritischen Anfragen an unsere Identität und unseren Lebensstil zu verdrängen.[8] In dem Maße, wie wir uns selbst Hochschätzung attestieren,

---

6 Vgl. Elizabeth Johnson, *Ich bin, die ich bin: wenn Frauen Gott sagen*, Düsseldorf (Patmos) 1994.

7 Vgl. Schotsmans, »Ethnozentrik und Rassismus: Ist das Christentum mitverantwortlich?«, S. 335.

8 Vgl. Sobrino, »Die gekreuzigten Völker als der gegenwärtig leidende Knecht Jahwes. Zum Gedenken an Ignacio Ellacuría«

setzen wir die anderen herab. Um die gesellschaftliche Harmonie zu wahren, ist die Pluralität, welche die anderen bringen, nicht erlaubt. Uniformität wird gleichsam zwangsverordnet durch die Herrschenden. Statt Anerkennung wird einfachhin Anpassung propagiert; die Achtung vor der Andersheit der anderen wird weitgehend ausgeklammert.[9]

Wenn die Kirche den Minderheiten helfend beistehen möchte, muss sie sich in die Welt hineinbegeben, die durch eben dieses Unbehagen im Umgang mit der Andersheit bestimmt ist. Dem Geist der Gemeinschaft und dem Liebesgebot entsprechend, nimmt sie die Anfrage wahr, ob sie tatsächlich die Stimme der anderen zu hören bereit ist. Zweifellos ist es die Sendung der Kirche, dazu beizutragen, eine Welt und auch eine Kirche zu bauen, in der die Andersheit der anderen nicht der Stein des Anstoßes ist.

Der Segen der Andersheit – Minderheiten als Herausforderung für die Kirche

Die biblische Erzählung vom Turmbau zu Babel (Gen 11,1–9) lehrt uns, wie die Kategorie der Andersheit – symbolisiert durch die Sprachenvielfalt – zu Verwirrung und Zerstörung führt. Babel lehrt uns die Negativseite der Andersheit bedenken; Andersheit erscheint als Fluch. Aber der Pfingsttag kehrt Babel ins Gegenteil. Denn der Heilige Geist beseitigte nicht die verschiedenen Sprachen, sondern befähigte die Menschen, einander zu verstehen, sich zu ver-

9 Vgl. Johann Baptist Metz, »Lateinamerika mit den Augen eines europäischen Theologen gesehen«, in: 1492–1992. *Die Stimme der Opfer*, S. 519–523.

sammeln und miteinander eine neue Gemeinschaft zu werden (Apg 2,5–12). Pfingsten macht in der vereinigenden Kraft des Geistes die Andersheit als einen Segen erfahrbar. Der Auftrag der Kirche gegenüber den Minderheiten knüpft an das Pfingstereignis an und macht die Andersheit der anderen in neuer Weise erfahrbar. Andersheit als etwas Positives auszuweisen, wie es Aufgabe der Kirche ist, lässt sich anhand von drei Momenten näher ausführen:

Solidarität – Gemeinschaft – Geschwisterlichkeit

Ein Aspekt der kirchlichen *Diakonia* gegenüber Minderheiten ist es, eine neue Atmosphäre innerhalb und außerhalb der Kirche zu schaffen, damit die Achtung der anderen in ihrer Andersheit in einer Art geschwisterlichen Gemeinschaft wirklich wird.[10] Dies hätte zur Folge, dass endlich das vorherrschende Verständnis, wie wir uns selbst einschätzen, indem wir uns von den anderen abgrenzen oder – mit Johann B. Metz formuliert – uns ausschließlich nur mit dem Rücken zu den anderen definieren, aufgehoben würde.[11] Er nennt die Tendenz zu geistiger Isolation, taktischen Rückzugsgefechten in ein eher provinzielles geistiges Klima, die Privatisierung von immer mehr Lebensbereichen und die voyeuristische Zuschauerhaltung einen Beitrag zum Leiden vieler in der Welt. Die Achtung vor der Humanität muss nachdrücklich wieder eingefordert werden.

Damit dies gelingt, muss sich die Kirche richtungweisend für ein Mehr an Toleranz stark machen.[12] Sicherlich kann

10 Vgl. ebd.

11 Vgl. ebd. S. 520.

12 Vgl. Schotsmans, »Ethnozentrik und Rassismus: Ist das Christentum mitverantwortlich?«, S. 337.

dies nicht im Sinne eines vorschnellen Ausgleichs der faktisch bestehenden Differenzen geschehen, sondern in einer ruhigen und freudigen Anerkenntnis sowie Integration anderer Wertsysteme und Kulturen, die gleichweise das Ganze mitaufbauen sollen. Selbst jenseits der expliziten Frage, welche Aufgabe der Kirche angesichts der Minderheiten zukommt, ist es ihr ein unverzichtbares Anliegen, sich in diesem Bereich besonders hervorzutun, speziell mit Blick auf die Gemeinschaft der Ortskirchen mit der Weltkirche. Seit dem Zweiten Vatikanischen Konzil bemüht sich die Kirche um angemessene theologische und strukturelle Antworten hinsichtlich der Herausforderungen der wahren Katholizität der einen Kirche, die in und aus den Ortskirchen besteht.[13]

Die Achtung der menschlichen Würde ist zentral für Solidarität. In der Welt der Minderheiten hat die Kirche eine bevorzugte Stellung, um die Liebe Gottes zu allen Menschen zu bezeugen. Zu allen Menschen, so wie sie sind – ungeachtet ihrer spezifischen Fähigkeiten, von denen vielleicht jemand profitieren könnte. Diese Agape ist – wie Yves Congar sagt – die Seele kirchlichen Sendungshandelns.[14] Durch diese Kraft der Liebe weiß sich die Kirche zu allen Menschen gesandt. Sie will den Menschen helfend beistehen, selbst denen, die nicht zur Gemeinschaft der Kirche gehören.[15] Solidarität zu leben meint, um es mit Metz zu formulieren, eine empathische Mystik, die mit offenen

13 Vgl. *Lumen gentium*, 23.

14 Vgl. Yves Congar, »Dieu, qui envoie en mission«, in: *La vie spirituelle* 148 (1994), S. 491–504, hier S. 494 f.

15 Vgl. Ottmar Fuchs, »Kirche für andere: Identität der Kirche durch Diakonie«, in: *Diakonie: Kirche für andere* (Concilium 4/1988), hg. v. Norbert Greinacher und Norbert Mette, S. 281–289, hier S. 284 f.

Augen[16] im anderen einen Nachbarn erkennt, in einem verletzten Fremden die Schwester oder den Bruder (vgl. Lk 10,25–37).

Solidarität mit Minderheiten heißt Solidarität mit allen Menschen, in besonderem Maße aber mit den Leidenden. Ihre ganze Wirkkraft kann sie freilich nur in radikaler Nächstenliebe entfalten, die alle Mauern niederreißt, welche dem Weg des Friedens entgegenstehen.[17] Gemeinhin denkt man, dass der Dienst an Minderheiten hauptsächlich in Werken der Barmherzigkeit zu geschehen habe, die in sich ethisch hochstehend sind. Wenn aber die Welt der Minderheiten von Bedeutung für die Mission ist, darf die Kirche den Minderheiten nicht so begegnen, als wären diese bloß Wohlfahrtsempfänger, die von der kirchlichen Barmherzigkeit abhängig sind. Ebenso wenig kann die Kirche nur auf die drängenden existenziellen Nöte reagieren. Vielmehr muss das Motto kirchlichen Handelns heißen: Gelebte Solidarität statt nur materieller Unterstützung.[18]

Angesichts des Auftrags gegenüber Minderheiten darf kirchliches Handeln nicht in eine der tatsächlichen Situation unangemessene institutionelle *Diakonia* verfallen, die wesentlich durch soziale Dienstleistungen in diözesaner Trägerschaft geprägt ist und gerade damit Gefahr läuft, die Christen von einer konkret vollzogenen Gemeinschaft mit

---

16 Metz, »Lateinamerika mit den Augen eines europäischen Theologen gesehen«, S. 522.

17 Vgl. Frei Betto, »Prophetische Diakonie: Der Beitrag der Kirche zur Gestaltung der Zukunft des Menschen«, in: *Diakonie: Kirche für andere*, S. 289–294, hier S. 291.

18 Vgl. Hermann Steinkamp, »Diakonie in der Kirche der Reichen und in der Kirche der Armen«, in: *Diakonie: Kirche für andere*, S. 295–301, hier S. 298.

den Einzelnen, die der Welt der Minderheiten zugehören, zu entpflichten.[19] Solidarität drängt nach einer Umkehr der Welt und der Kirche selbst in Richtung einer Partnerschaft mit den Minderheiten, die sich nach Wandel sehnen. Die Kirche selbst ist durch die Minderheiten kritisch angefragt, was sie denn dazu beiträgt, dass die Mauern des Ethnozentrismus abgetragen und der Fluch von Babel aufgehoben wird.[20] Letztlich meint Solidarität die Empfindsamkeit der Kirche hinsichtlich der gewandelten Einstellung der Welt gegenüber den Minderheiten.

Gegenseitigkeit – wechselseitiges Sich-Ergänzen

Wahrhafte Gemeinschaft oder Solidarität, die in der Achtung vor der allen Menschen gleichen Würde gründet, verlangt nach Gleichheit unter den Menschen. Christen leben zutiefst aus der Überzeugung heraus, dass in Christus alle eins sind, Juden wie Griechen, Sklaven wie Freie, Männer wie Frauen (Gal 3,28). Gleichheit baut auf einer Haltung der Wechselseitigkeit, die ein gegenseitiges Sich-Austauschen und eine wechselseitige Verwiesenheit ermöglicht. Die Kraft des Pfingstereignisses, die die Sendung der Kirche vorantreibt, schafft ebenso eine Welt der Gegenseitigkeit wie eine Kirche aus verschiedenen Elementen, die einander ergänzen und letztlich ein Ganzes formen (vgl. 1 Kor 12).

Während Solidarität die Andersheit der anderen als Segen herausstellt, betont die Gegenseitigkeit nachdrücklich, dass wir sind und werden sollen, was wir sind, freilich

19 Vgl. ebd.; vgl. Fuchs, »Kirche für andere: Identität der Kirche durch Diakonie«, S. 283.

20 Vgl. Walter Lesch, »Nationalismus und Unterdrückung von Minderheiten«, in: *Menschen auf der Flucht*, S. 348–354, hier S. 352 f.

nicht trotz, sondern wegen der anderen. Andersheit wurzelt in einer tieferen Gemeinschaft von Gleichen, von der her sich erst die Unterschiede oder Manifestationen der Andersheit ableiten. Die Gemeinschaft wird nicht gemindert oder gar bedroht durch die Andersheit, weil es ja gerade die Andersheit ist, die das Ganze zu dem macht, was es ist. Innerhalb einer grundlegenden Einheit wird die Andersheit angenommen, indem man die Einheit abhängig macht von der Wechselseitigkeit, die die anderen sind. Der Sendungsauftrag gegenüber den Minderheiten zielt darauf, die wechselseitige Verwiesenheit zu einer Säule zu machen, auf der menschliche Beziehungen in der Welt wie in der Kirche stehen können.

Wenn sich der Sendungsauftrag dem Ziel verpflichtet weiß, einen wechselseitigen Austausch zu schaffen, wird die Kirche zu einer Gemeinschaft erstehen, in der die sogenannten »Helfenden« wie auch die »Hilfsbedürftigen« zugleich beide Rollen übernehmen. Die Kirche wird dann die erste sein, die lernt, dass die Leidenden nicht immer nur nach Hilfe schreien. Umgekehrt haben sie auch immer an uns eine wichtige Botschaft. Sie haben uns etwas zu sagen![21] Sendung wird konkret erlebbar, wenn eine Gemeinschaft des wechselseitigen Austausches entsteht, die Ottmar Fuchs als gegenseitige Nachfolge von Helfenden und Hilfsbedürftigen, von Gesunden und Kranken, von Starken und Schwachen bezeichnet, deren Rollen jederzeit austauschbar sind. Die anderen werden nicht in einer gewissermaßen besserwisserischen Manier, sondern in ihrer Andersheit als Bereicherung für andere erachtet. Mit Bezug auf dieses komple-

21 Vgl. Fuchs, »Kirche für andere: Identität der Kirche durch Diakonie«, S. 284.

mentäre Verhältnis hat das Zweite Plenarkonzil der Philippinen erklärt: »In der Kirche ist niemand so arm, dass er nichts zu geben hätte, und niemand so reich, dass er nichts empfangen könnte.«[22]

Assoziieren wir mit Minderheiten nur ihre Opferrolle, fordert indes die Gegenseitigkeit, dass ebenso ihre Erlöserrolle in der Weltgeschichte und der Kirche ins Blickfeld gerät. Indem wir die »gekreuzigten Menschen« sozusagen vom Kreuz herabbringen, erfahren wir durch sie Rettung, die sie der Menschheit zu verkünden haben: Hoffnung, Liebe, Vergebungsbereitschaft, Solidarität und Glaube.[23] Die Minderheiten bringen eine befreiende und die Menschenwürde fördernde Botschaft durch ihr Verständnis von Gemeinschaft, Zusammenarbeit, Einfachheit und Offenheit. Sie demaskieren die Lügen und Anmaßungen, die sich innerhalb der Gesellschaft aufgetürmt haben. Oft genug evangelisieren gerade die Minderheiten dadurch, dass sie existenziell bedeutsame Fragen an die Adresse derer richten, die sich stets in der Rolle der Helfenden wähnen und die nun ihre eigenen Hilfsbedürftigkeit erkennen müssen.

Wir sollten uns immer wieder vor Augen halten, dass auch der leidende Mensch immer eine inhaltlich entscheidende, kritische, verändernde und intensivierende Botschaft hat.[24]

---

22 Second Plenary Council of the Philippines: Acts and Decrees, hg. v. d. Philippinischen Bischofskonferenz, Manila 1992, Nr. 98. Im Folgenden mit der Sigle PCP II und der Ziffer des betreffenden Abschnitts zitiert.

23 Vgl. Sobrino, »Die gekreuzigten Völker als der gegenwärtig leidende Knecht Jahwes. Zum Gedenken an Ignacio Ellacuría«, S. 527–529.

24 Vgl. Fuchs, »Kirche für andere: Identität der Kirche durch Diakonie«, S. 46.

Deutlich macht dies gerade die Zweite Vollversammlung der Philippinischen Kirche im Jahr 1991, die in ihrem Abschlussdokument herausstellt, dass die Kirche der Armen nicht nur eine Kirche ist, die die Armen evangelisiert, sondern wo

> … die Armen selbst zu Boten des Evangeliums werden. Die Bischöfe und Leader werden lernen, bei den Armen zu sein und mit ihnen zusammenzuarbeiten, und sie werden von den Armen lernen. Eine »Kirche der Armen« wird den Armen nicht nur einen vorrangigen Dienst leisten, sondern bei ihrer Evangelisierungsarbeit vorzugsweise auf die Armen bauen.[25]

Damit ist eine Vision von einer neuen Gemeinschaft geschaffen, innerhalb der jede und jeder eine unverzichtbare Aufgabe zu übernehmen hat, wodurch das Gesamte entstehen kann. Minderheiten werden dann nicht mehr länger als weniger bedeutend, unwichtig oder als kulturell minderwertig betrachtet. Sie sind selbst würdige Boten des Evangeliums und übernehmen die Rolle der Helfenden.

Prophetisches Zeugnis und endzeitliche Hoffnung

In aller Kürze soll nun aufgezeigt werden, wie der kirchliche Sendungsauftrag – verstanden als Solidarität und wechselseitiges Sich-Ergänzen – prophetisches Zeugnis ablegen kann für die uns verheißene eschatologische Heilszeit. Mit Metz gilt es zu bedenken, dass die Kirche gewiss nicht zuvorderst eine moralische Institution ist, sondern Trägerin der Hoffnung. Deshalb ist ihre Theologie auch nicht zuerst

25 PCP II 132.

ethisch, sondern eschatologisch ausgerichtet.[26] Gewiss trägt die Hoffnung der Christen nicht einen falschen Optimismus in sich, der das Klagegeschrei und die Trauer verneint, die von den Schattenseiten der Geschichte herrührt. Vielmehr umfasst die Hoffnung die beiden Seiten des menschlichen Lebens, den Schmerz der Opfer, die Demütigungen des anderen. Trotz allem aber bewahrt sie den Glauben an eine gute Zukunft, die den Menschen bereitet ist. Hoffnung hält daran fest, dass die Entwürdigungen, die dem anderen aufgrund seiner Andersheit angetan werden, nicht das letzte Wort haben. Denn durch den Kreuzestod Jesu ist die Menschheit ein für alle Mal versöhnt und erlöst.

Beim Kampf für eine Form der Gemeinschaft, die die Gegenseitigkeit achtet, setzt sich die Kirche nicht nur für die Befreiung der Minderheiten ein, sondern gibt im gleichen Moment auch Zeugnis vom Gott des Lebens und der Liebe.[27]

Die Gemeinschaft der Kirche – Heimat für die Andersheit der anderen

Ob nun die Kirche innerhalb eines Landes zur Mehrheit oder Minderheit zählt, wird ziemlich unbedeutend in dem Verständnis des Sendungsauftrages, das wir gewählt haben. Ob nun die Kirche zahlenmäßig einflussreicher ist oder

---

26 Vgl. Metz, »Lateinamerika mit den Augen eines europäischen Theologen gesehen«, S. 521.

27 Vgl. Betto, »Prophetische Diakonie: Der Beitrag der Kirche zur Gestaltung der Zukunft des Menschen«, S. 294; Congar, »Dieu, qui envoie en mission«, S. 491 f.

nicht, fällt weit weniger ins Gewicht als die ihr immer eigentümliche Option für die Armen, das heißt für die an den Rand gedrängten anderen. Um ihren Auftrag zu erfüllen, muss die Kirche ihre Sendung in einer neuen Vision der gesegneten Andersheit erkennen. Solidarität und Gemeinschaft, Gegenseitigkeit und ein wechselseitiges Sich-Ergänzen sowie die auf die verheißene Heilszeit ausgerichtete Hoffnung sind zentrale Momente des kirchlichen Auftrags und kirchlicher Identität. In diesem Sinne wird die Kirche zu der Gemeinschaft, in der die anderen mit ihrer Andersheit eine Heimat finden werden, eine wahrhaft katholische Kirche, ein glaubwürdiges Zeichen umfassenden Heils, die prophetische Trägerin von Hoffnung. Auf diese Weise wird die Kirche wirklich zu einer Ikone des Gottes, an den sie glaubt: eines einzigen Gottes in drei verschiedenen Personen, deren Andersheit eben aus ihrer Beziehung zueinander und aus ihrer Lebens- und Sendungsgemeinschaft erwächst.

VIII.

Ein inklusives Wachstum

Die Themenstellung dieser Vorlesung setzt voraus, dass es Wachstum gegeben hat und noch immer gibt. Sie setzt ferner voraus, dass dieses Wachstum noch nicht inklusiv ist. Die Inklusivität bleibt ein Ziel, das durch die Zusammenarbeit zwischen der Kirche und dem Unternehmenssektor erreicht werden muss. Deshalb fragen wir uns: »Ist ein Wachstum real, wenn einige in der Gesellschaft davon ausgeschlossen bleiben?« Die Ausgeschlossenen sind die Menschen, denen das Wachstum nicht zugutekommt: die Armen, die Rechtlosen, mit anderen Worten: die Mehrheit unseres Volkes. Damit stellen sich weitere Fragen: Was für eine Art von Wachstum erleben wir? Ist das ein echtes Wachstum? Das sind einige der Fragen, die mir in den Sinn gekommen sind, als ich zum ersten Mal gelesen habe, unter welchem Thema das heutige Treffen steht. Ich maße mir nicht an, die Antworten auf solche Fragen zu kennen. Ihr, die ihr im Handel und in der sozialen Entwicklung tätig seid, habt eher das Rüstzeug, euch mit diesen schwierigen Fragen zu befassen.

Statt ein detailliertes Programm auszuarbeiten, wie die Kirche und die Unternehmen gemeinsam auf ein inklusives Wachstum hinarbeiten könnten, schlage ich vor, darüber nachzudenken, wie man eine echte Entwicklung und ein echtes Wachstum fördern kann. Ehe nämlich die Kirche und die Unternehmen überhaupt effizient zusammenarbeiten können, muss man sich hinsichtlich der Prioritäten auf eine gemeinsame Basis einigen; diese Prioritäten werden sodann zu Strategien und Politiken führen, die auf ein inklusives Wachstum abzielen. Als Priester und Theologe schöpfe ich vieles von dem, was ich sagen möchte, aus jenem Korpus, das wir als katholische Soziallehre oder als Soziallehre der Kirche bezeichnen und das versucht, das

Evangelium in die sozialen Wirklichkeiten hineinzutragen, damit es dort als Sauerteig auf die Umgestaltung des Lebens und der Gesellschaft hinwirken kann.

Führen die Filipinos ein wirklich menschliches Leben? Kommen die Güter der Erde allen zugute?

Ein inklusives Wachstum beinhaltet den Zugang zu dem, was für das menschliche Leben wesentlich ist. Wir müssen jedoch feststellen, dass viele Filipinos nicht einmal das Allernotwendigste zum Leben haben. Sie sind von den Segnungen des viel gerühmten Wachstums ausgeschlossen. Für uns, die wir heute zu dieser Konferenz zusammengekommen sind, ist der Zugang zu den wesentlichen und auch zu den unwesentlichen Gütern des alltäglichen Lebens wahrscheinlich unproblematisch. Doch Millionen von philippinischen Familien leben in Situationen der Armut und auch der sogenannten extremen Armut. Der heilige Johannes Paul II. hat diese Situation in seiner Enzyklika *Sollicitudo rei socialis* von 1987 als »Graben« bezeichnet:

> Wenn man die ganze Reihe der verschiedenen Sektoren - Erzeugung und Verteilung von Lebensmitteln, Hygiene, Gesundheitswesen und Wohnung, Trinkwasserversorgung, Arbeitsbedingungen, vor allem jene für Frauen, Lebenserwartung sowie andere wirtschaftliche und soziale Indikatoren – ins Auge fasst, ergibt sich ein enttäuschendes Gesamtbild, sei es in sich selbst betrachtet oder in Bezug auf die entsprechenden Daten der stärker entwickelten Länder. Das Wort »Graben« kommt einem dabei spontan wieder auf die Lippen. (*Sollicitudo rei socialis*, 14)

Als grundlegende Bestandteile eines in Würde gelebten Lebens nennt der heilige Johannes Paul II. Nahrung, Unterkunft, Bildung, Gesundheit, Beschäftigung, ein sicheres Umfeld und Trinkwasser. Dem können wir noch saubere Luft und das eine oder andere Verkehrsmittel hinzufügen. Diese wirtschaftlichen und sozialen Indikatoren betreffen keine Luxusartikel und stellen keine Extrawünsche, ja nicht einmal überhaupt Wünsche dar. Es sind Dinge, die ein Mensch unbedingt braucht, um in Würde zu leben, und zu denen doch viele Menschen keinen Zugang haben. Wer sich in dieser unglücklichen Situation befindet, dem wird die Möglichkeit vorenthalten, ein menschenwürdiges Leben zu führen.

Vor einiger Zeit bin ich Medikamente kaufen gegangen. Vor mir in der Schlange an der Kasse stand eine Mutter mit ihrem kleinen Mädchen. Das Mädchen bat seine Mutter immer und immer wieder, ihr einen Schokoriegel aus dem Regal gleich neben dem Kassierer zu kaufen. Schließlich gab die Mutter nach und legte den Riegel in den Einkaufskorb. Als der Kassierer ihr jedoch den Kassenbon präsentierte, stellte sich heraus, dass sie nicht genug Geld dabei hatte. Leider hatte das Mädchen aber schon angefangen, den Schokoriegel zu essen. Also musste die Mutter auf einen der anderen Artikel verzichten, und sie entschied sich, ein Paket Milch an der Kasse zu lassen. Ich fragte mich, wie es sein kann, dass man auf ein Grundnahrungsmittel wie Milch verzichten muss, um einem armen Mädchen ein Täfelchen Schokolade kaufen zu können. Ich bin sicher, dass das Herz dieser Mutter geblutet hat, als sie die Milch zurücklassen musste. Aber es hat genauso geblutet, als sie mit anhören musste, wie ihre kleine Tochter um ein bisschen Schokolade bettelte. Ihre Familie ist nicht die einzige, die ihre magere Bilanz auf so schmerzhafte Weise ausgleichen muss.

Die Kirche und die Unternehmen können zusammenarbeiten, um den Graben zwischen den wenigen, die in vollem Umfang zu den für ein wahrhaft *menschliches* Leben wesentlichen Gütern Zugang haben, und jenen aufzufüllen, denen diese Güter nur in äußerst begrenztem Maß zur Verfügung stehen. Im pädagogischen Sektor können die kirchlichen Schulen und die Unternehmen zum Beispiel Stipendien für die Ausbildung der Lehrer und die Unterstützung der armen Schüler einrichten, die in den Genuss einer guten christlichen Erziehung kommen wollen. Im Gesundheitssektor können die Unternehmen auch mit Kliniken in kirchlicher Trägerschaft zusammenarbeiten, damit nicht nur die Ernährung, sondern auch die medizinische Versorgung und der Kenntnisstand im Bereich der Hygiene und Krankheitsvorbeugung verbessert werden können. Ein weiterer Sektor betrifft die Vorbereitung und Reaktion auf Katastrophen insbesondere im Hinblick auf den Wiederaufbau in den von Naturkatastrophen betroffenen Gemeinden.

Doch worauf basiert unsere Zusammenarbeit? Dass die Armen eine Chance auf ein menschenwürdiges Leben haben müssen, begründet die Kirche mit dem Prinzip von der allgemeinen Bestimmung der Güter der Erde. Die biblische Grundlage bildet Genesis 1,29: Gott sprach: »Seht, ich übergebe euch alle Pflanzen, die Samen bringen auf der ganzen Erde, und alle Bäume mit Früchten, die Samen bringen: das sei euere Nahrung.« Dem *Kompendium der Soziallehre der Kirche* zufolge kann »die Person (…) nicht auf die materiellen Güter verzichten, die ihren vorrangigen Bedürfnissen entsprechen und die Grundlagen ihrer Existenz darstellen; diese Güter sind absolut unverzichtbar, damit sie sich ernähren und wachsen, kommunizieren, sich mit anderen zusammenschließen und das höchste Ziel, zu dem sie berufen ist, erreichen kann« (KSK 171). Es ist Gottes Wille, dass die Güter der Schöpfung geteilt werden, dass seine großartige Schöpfung für das Wohl der ganzen Menschheit bestimmt ist. Also müssen wir uns fragen: Wenn es echtes Wachstum gibt, wer erntet dann die Früchte? Erreicht das Wachstum eine breite Bestimmung? Wer profitiert von dieser Art Wachstum? Was hindert die Mehrheit der Menschen daran, in den Genuss seiner Früchte zu kommen? Dabei muss aber auch klar sein, dass der Zugang zu den zeitlichen Gütern nicht das oberste Ziel ist. Er steht vielmehr im Dienst der Verwirklichung eines menschenwürdigen Lebens. Um voll und ganz Mensch zu werden, braucht es mehr als bloß die Möglichkeit, Güter zu erwerben.

Umfassende menschliche Entwicklung: Wachstum hat nicht nur mit Zahlen zu tun

Aus dem bisher Gesagten kann man schließen, dass sich das echte Wachstum aus Sicht der katholischen Soziallehre nicht nur über statistische Daten definiert. Unter bestimmten Gesichtspunkten kann der Zugang zu Gütern und Dienstleistungen nicht das einzige Kriterium für inklusives Wachstum sein. Was die Kirche betrifft, muss sich ein Wachstum, das ein wahrhaft menschliches Leben fördert, auf die menschliche *Person* und auf das konzentrieren, was den Personen, die in zeitliche Aktivitäten wie Arbeit und Produktion eingebunden sind, widerfährt. Inklusives Wachstum beinhaltet zwangsläufig das Wachstum der Personen in ihrer Menschlichkeit, in der Entfaltung ihres

Potenzials. Jesus wollte, dass die Talente, die die Menschen empfangen haben, Frucht bringen. Er erwartet Fruchtbarkeit von den Menschen. Aber misst sich die Fruchtbarkeit allein am Profit? Bieten wir den Personen den Raum und die Möglichkeit, sich als Menschen zu entfalten, die mit einzigartigen Talenten und Fähigkeiten begabt sind? Wachsen die Personen auch in relationaler, intellektueller und spiritueller Hinsicht?

In seiner Enzyklika *Populorum progressio* von 1967 hat Paul VI. einen umfassenderen Entwicklungsbegriff vorgestellt:

> Die Entwicklungshilfe braucht immer mehr Techniker. Noch nötiger freilich hat sie weise Menschen mit tiefen Gedanken, die nach einem neuen Humanismus Ausschau halten, der den Menschen von heute sich selbst finden lässt, im Ja zu den hohen Werten der Liebe, der Freundschaft, des Gebets, der Betrachtung. Nur so kann sich die wahre Entwicklung voll und ganz erfüllen, die für den Einzelnen, die für die Völker der Weg von weniger menschlichen zu menschlicheren Lebensbedingungen ist. (*Populorum progressio*, 20)

Die Entwicklung bringt nicht nur eine technische Horizonterweiterung mit sich, die, soweit erforderlich, Arbeitsplätze schafft. Noch wichtiger und beachtenswerter ist, wie Paul VI. aufzeigt, dass Männern und Frauen die Gelegenheit gegeben werden muss, ein wahrhaft menschliches Leben zu führen, indem sie das Denken und die Weisheit kultivieren. Auf diese Weise können sie in sich selbst ihre tiefste menschliche Berufung und die Kraft entdecken, ein authentisches Menschsein zur Reife zu bringen, das sich nicht auf den Besitz von Gütern beschränkt.

Wir wollen glauben, dass diejenigen, die die Initiative ergreifen, um materielle Fortschritte zu erzielen, auch den aufrichtigen Wunsch hegen, die Würde der menschlichen Person zu fördern. Die Menschenrechte müssen geachtet werden. Die Freiheit wird befürwortet, sofern sie mit der entsprechenden Verantwortung einhergeht. Jede Person muss in ihrer Ganzheit als menschliche Person gesehen, geliebt und anerkannt werden. Jeder Person muss der nötige Raum gewährt werden, um sich nicht nur im eigenen Interesse, sondern auch zum Wohl der Gesellschaft zu entwickeln.

In der Terminologie der kirchlichen Soziallehre nennen wir dies die »ganzheitliche Entwicklung des Menschen.« Eine authentisch menschliche Entwicklung findet dann statt, wenn die ganze Person sich entfaltet, wenn alle Aspekte des Menschseins berücksichtigt werden. Konzentriert ihr euch bei euren Aktivitäten und wenn ihr die soziale Verantwortung der Unternehmen wahrnehmt, ausschließlich auf Programme oder Projekte? Achtet ihr auf die menschliche Person mit ihren komplexen Bedürfnissen und ihren starken Seiten? Welche Initiativen werden verfolgt, damit jede Person wirklich ein würdiges und bedeutsames Leben führen kann? Erlaubt mir, den Punkt, um den es mir geht, an einer persönlichen Erfahrung zu veranschaulichen.

Ich bin seit vielen Jahren Priester, und einen guten Teil davon war ich Rektor in einem Seminar. Die Seminare sind traditionsreiche Orte. Eine Tradition, die mir bei meiner Ankunft im Institut auffiel, waren die getrennten Mahlzeiten. Die Seminaristen saßen an einem anderen Tisch als die Priester (die außerdem einen Gang mehr bekamen), und die Angestellten aßen in der Küche. Die drei Gruppen aßen gleichzeitig, aber getrennt. Wir waren also, so dachte ich, in diesem heiligen Augenblick, der sich Mahlzeit nennt, keine Gemeinschaft.

Die Spaltungen und Ausgrenzungen in unserem Haus, die sich unter anderem an unseren Essgewohnheiten zeigten, haben mich vom Beginn meiner Rektorentätigkeit an gestört. Was für ein Haus ist das, wo die Mitglieder sich voneinander trennen, wenn sie die Frucht der Erde und der menschlichen Arbeit essen, das Zeichen der Güte, mit der Gott für alle sorgt? Also schlug ich vor, das System dahingehend zu ändern, dass die Seminaristen, die Priester und die Angestellten gemeinsam am Tisch saßen. Nach einer Zeit des Zögerns und Widerstrebens ist es uns gelungen, bei den Mahlzeiten ein gemeinschaftliches Miteinander herzustellen. Zwei Jahre später ging ich zum Promotionsstudium in die Vereinigten Staaten. Als ich nach über sechs Jahren wieder ans Seminar zurückkehrte, war das neue System im Refektorium noch immer in Kraft.

Ein Jahr nach meiner Rückkehr waren in unserem Seminar einige Funktionäre zu Gast, die der Vatikan geschickt hatte, um unseren Bildungsprozess zu evaluieren: drei Bischöfe, die eine Woche lang bei uns wohnten, um sich ein Bild von der Gemeinschaft, den Beziehungen und dem Kursprogramm zu machen. Am Ende ihres Aufenthalts teilten sie mir ihre Beobachtungen mit. Zu meiner Überraschung galt ihre erste Beobachtung der Tatsache, dass die Köche, die Wäscherinnen und die Gärtner die Mahlzeiten mit den Seminaristen und den Priestern gemeinsam einnahmen. Ich erklärte ihnen, was es mit dieser Praxis auf sich hatte, und fragte sie, ob das ein Problem sei. Sie verneinten; es habe sie lediglich erstaunt, weil in den meisten Seminaren die Mahlzeiten getrennt eingenommen würden. Einem

Bischof war besonders aufgefallen, wie sich die Angestellten bei Tisch verhielten. Sie hatten auf ihn einen ruhigen und unbefangenen Eindruck gemacht, und es war ihnen offenbar nicht unangenehm gewesen, dass sie Köche oder Wäscherinnen waren. Es hatte sie nicht in Verlegenheit gebracht, mit einem Bischof am Tisch zu sitzen. Außerdem war dem visitierenden Bischof aufgefallen, dass eine Frau ihn gebeten hatte, ihr die Fischsoße zu reichen. Es hatte ihn gefreut, dass die Angestellte nicht vor ihm, dem Bischof, »gezittert« hatte, wie es bei Arbeitern zuweilen durchaus vorkommen konnte.

Mit diesem neu eingeführten System des Nebeneinanders oder, besser gesagt, Miteinanders bei Tisch hatte sich auch die Art und Weise geändert, wie die Personen sich selbst und ihr eigenes Verhalten wahrnahmen. Hatte die erwähnte Frau sich zuvor vielleicht einfach als Bedienstete gesehen, die für die Priester und die Seminaristen arbeitete, fühlte sie sich nun als vollwertiges Mitglied der Gemeinschaft, bei der sie angestellt war. Sie musste sich nicht für das entschuldigen, was sie war. Sie konnte den anderen als Mensch in der vollen Bedeutung des Wortes begegnen. Sie konnte den anderen in die Augen sehen und mit ihnen reden wie mit ihresgleichen. Denn wir alle sind unseresgleichen, wie uns das Buch Genesis (1,27) ins Gedächtnis ruft: »Und Gott schuf den Menschen nach seinem Bild, nach dem Bild Gottes schuf er ihn, als Mann und Frau schuf er sie.« Menschen sind keine Objekte. Jeder Mensch ist nach dem Bild Gottes und ihm ähnlich geschaffen und in besonderer Weise dazu berufen, in der Sorge für die übrige Welt Verwalter und Mitarbeiter Gottes zu sein. Und so fragen wir uns: Wie können wir das Wachstum bei unseren Angestellten wertschätzen, bei denjenigen, die für uns und mit uns arbeiten? Müssen wir ihnen zu einer höheren Selbstachtung verhelfen? Müssen wir dort, wo es darum geht, sich selbst zu verbessern, ihre Kreativität kanalisieren? Schaffen wir die Voraussetzungen dafür, dass am Arbeitsplatz eine authentisch menschliche Entwicklung stattfinden kann?

Solidarität als Haltung, die echtes Wachstum fördert

Der letzte Punkt, über den ich sprechen will, ist ein weiterer Schlüssel zur authentischen Entwicklung des Menschen: der Geist der Solidarität. Auf den Philippinen wird das Streben nach einem inklusiven Wachstum von drei Pfeilern getragen: dem Gemeinwohl, der Liebe zum eigenen Land und dem Umweltschutz. Doch diese drei sind lediglich Ausdrucksformen und Früchte der Solidarität. Ohne eine echte existenzielle Gemeinschaft oder Solidarität insbesondere mit den Armen sind diese Elemente letztlich nur Gemeinplätze und werden vergeblich gepredigt. In gewisser Hinsicht können Solidarität und inklusives Wachstum gleichbedeutend sein, denn die Solidarität ist ein »Nein« zum Egoismus und ein »Ja« zum Altruismus. Wie soll man ein Wachstum für alle erreichen, wenn man nur für sich selbst arbeitet?

Solidarität heißt nicht – schon gar nicht in der Welt von heute, die von wechselseitiger Abhängigkeit und allseitiger Vernetzung gekennzeichnet ist –, sich an begrenzte persönliche Interessen zu klammern. Die Solidarität erkennt die Gleichheit aller Personen und das Recht aller auf die Güter der Erde an. Die Solidarität drängt uns, uns gemeinsam auf den Weg zum Gemeinwohl zu machen. Wo es Solidarität gibt, bemüht man sich mit vereinten Kräften, Bedingungen zu schaffen, die allen Völkern und nicht nur einigen wenigen die Möglichkeit bieten, voll und ganz Mensch zu sein und zum Wohl der anderen beizutragen. Hier geht es um ein Gemeinwohl, von dem alle profitieren werden und zu dem alle beitragen müssen. Das kann nur in wechselseitiger Solidarität geschehen. Das Gemeinwohl kann und darf nicht nur aus ökonomischer oder politischer, sondern muss auch (und vielleicht vor allem) aus ethischer Sicht betrachtet werden.

Ein Aspekt der Solidarität, der nicht vernachlässigt werden darf, ist die Liebe zum eigenen Land. Sie ist nicht nur eine Bürgerpflicht, sondern auch ein Erfordernis der Gerechtigkeit und mithin ein Erfordernis der Nächstenliebe. Wie können wir für das Gemeinwohl arbeiten, wenn wir als Individuen unsere Pflichten und die Verpflichtungen gegenüber unserem Land nicht anerkennen? Wir müssen uns fragen, ob wir unser Land wirklich lieben. Wie können wir auf individueller und institutioneller Ebene zum Wohl und zur Größe unserer Nation beitragen? Ich hoffe, dass wir nicht nur für unser eigenes Wohl und das Wohl unserer unmittelbaren Umgebung arbeiten. Wir müssen uns – nicht zuletzt mit dem Zeugnis eines anständigen und würdigen Lebens – zum Besten unserer geliebten Nation weiterentwickeln. Wir müssen lernen, unser Land zu lieben, statt seinen Reichtum zu plündern.

Wir müssen Verantwortung für die Umwelt, für unsere natürlichen Ressourcen übernehmen. Das inklusive Wachstum macht es zwingend erforderlich, die Gemeinschaft des Lebens und der Schöpfung in ihrer ganzen Komplexität zu bewahren. Gott hat die ganze Schöpfungsgemeinschaft dazu bestimmt, den Menschen und das Netz aus wechselseitigen Abhängigkeiten zu erhalten, das die Geschöpfe miteinander verbindet. Leider haben wir ihre Fähigkeit, den Menschen und die Umwelt zu erhalten, geschwächt, weil wir uns selbst zu ihren überheblichen, stolzen und gefühllosen Pseudo-Besitzern ernannt haben, statt sie im Namen Gottes zu verwalten. Die Welt, alles, was Gott geschaffen hat, gehört nicht uns. Wie sehen die, die in der Geschäftswelt arbeiten, sich selbst? Betrachten sie sich als Eigentümer oder als Verwalter? Wird dieser Geist der verantwortungsbewussten Verwaltung auch von ihren Mitarbeitern und Angestellten gepflegt? Sind die Angestellten glücklich darüber, Diener der Gesellschaft und Teil von etwas zu sein, das man als Ökonomie der Gemeinschaft und des gemeinsamen Dienstes bezeichnen könnte? Der Wechsel vom Paradigma des Eigentums zu dem der verantwortungsbewussten Verwaltung scheint leicht, aber wir wissen, wie schwer das Loslassen fällt, wenn man von einer Position der Macht und Kontrolle profitiert. Nicht wenige Menschen in höhergestellten Positionen haben aufgrund ihrer leitenden Funktion die irrige Vorstellung, die von ihnen geleiteten Personen und Institutionen seien ihr Eigentum.

Anfang 2013, als ich zum Konklave gereist bin, das Papst Franziskus gewählt hat, musste ich feststellen, dass die Medien ein großes Interesse an mir hatten. Die Leute erkannten mich, als ich in Rom ankam. Wohin ich auch ging, schienen sie zu wissen, dass ich der Erzbischof von Manila war. Ich hatte große Lust, mich zu verstecken, ich wollte diese ganze Aufmerksamkeit gar nicht. Aber dann traf ich eine Filipina, die seit einiger Zeit in Rom arbeitete. Sie sprach mich an, weil sie mir danken wollte. Sie erklärte mir, dass ihre Arbeitgeber begonnen hätten, sie besser zu behandeln, seit die Zeitungen meinen Namen nannten und seit mein Bild im Fernsehen erschien. Das wollte sie mich wissen lassen, und dafür hat sie mir gedankt.

Aber was hatte ich denn getan, um mir ihren Dank zu verdienen? Ich kannte sie gar nicht. Persönlich konnte ich nichts für sie tun. Fakt war, dass die Medien sich auf mich konzentrierten. Das war mir lästig, aber diese mediale Aufmerksamkeit führte dazu, dass einige Filipinos – unter ihnen die Frau, die mich angesprochen hatte – respektvoller behandelt wurden als vorher. Also sagte ich mir: Wenn jemand, der nichts Besonderes getan hat, die Würde der Filipinos wiederaufrichten kann, bloß weil ihn die Medien in einem relativ günstigen Licht erscheinen lassen, warum sollten wir uns dann nicht gemeinsam für das Wohl unserer Brüder und Schwestern einsetzen, die den ganzen Tag über hart arbeiten? Wenn wir uns anständig verhalten, dann profitieren nicht nur wir selbst davon, sondern auch viele andere, die wir nicht kennen und die doch auf ganz reale Weise mit uns verbunden sind. Wenn wir persönlich integer und wahrhaft menschlich leben, können wir zum menschlichen Wachstum anderer und insbesondere unserer philippinischen Landsleute beitragen, wo immer sie sich befinden mögen. Jeder Mensch muss entschlossen sein, zum Wohl der anderen zu handeln und zu leben. Das ist Solidarität.

Ich möchte zum Abschluss noch einmal aus der Enzyklika *Populorum progressio* Pauls VI. zitieren:

> Auf diesem Weg müssen wir alle solidarisch sein. Darum halten Wir es für unsere Pflicht, allen die gewaltige Bedeutung dieses Anliegens und die dringende Notwendigkeit der Aufgabe vor Augen zu stellen. Jetzt schlägt die Stunde der Tat: das Leben so vieler unschuldiger Kinder, der Aufstieg so vieler unglücklicher Familien zu einem

menschlichen Leben, der Friede der Welt, die Zukunft der Kultur stehen auf dem Spiel. Alle Menschen, alle Völker haben ihre Verantwortung zu übernehmen. (*Populorum progressio*, 80)

Das inklusive Wachstum ist die Aufgabe aller: inklusives Handeln und inklusive Verantwortung.

IX.

Eine neue Hoffnung

Das Ostergeheimnis ist ein Ganzes, das nicht in seine Einzelteile zerlegt werden kann, so als ob die betreffenden Abschnitte jeder für sich existieren würden – es sei denn mit Rücksicht auf unsere Eigenart, in den Kategorien von Raum und Zeit zu denken: Wir können nun einmal nicht anders, als uns das Geschehen in seiner Abfolge – Gründonnerstag, Karfreitag, Karsamstag – vorzustellen. Dennoch dürfen wir nicht vergessen, dass es sich um ein einziges, ganzes Mysterium handelt. Ich kann nicht sagen: »Mein Lieblingstag ist der Karfreitag – der Donnerstag, der Samstag und der Auferstehungssonntag sind mir egal.« Und man kann auch nicht sagen: »Mein Lieblingstag ist der Ostersonntag, seid so gut und lasst mich den Karfreitag und den Karsamstag einfach vergessen.« Wir können uns nicht einen Tag aussuchen und die anderen übergehen. Wir müssen einen umfassenden Zugang zu diesem einzigen Mysterium finden.

Da wir jedoch in den Bedingungen von Raum und Zeit leben, müssen wir uns auf diese einzelnen Bestandteile konzentrieren und sie in einen zeitlichen Bezugsrahmen einordnen. Gleichwohl tritt, sobald die verschiedenen Bibelwissenschaftler und Theologen versuchen, den Gesamtsinn des Mysteriums wiederzuentdecken, die Betrachtung von Zeit und Raum in den Hintergrund. Das soll uns daran erinnern, dass der Abstieg in das Reich des Todes die Verheißung der Auferstehung bereits in sich trägt. Wir erzählen diese Geschichten, als ob Ostern und der Abstieg in das Reich des Todes gleichzeitig geschähen. Es ist ein einziges Mysterium. Noch während du zu den Toten hinabsteigst, bricht das neue Leben schon hervor.

Wir wollen Ostern noch einmal ganz genau auf den Grund gehen. Karsamstag ist, mit Hans Urs von Balthasar gesprochen, der Gang zu den Toten, und Ostern ist der Gang zum Vater oder vielleicht die Rückkehr zum Vater.

Wenn wir uns die Auferstehungsberichte in der Bibel anschauen, sehen wir, dass es zum eigentlichen Moment streng genommen keine Zeugenaussagen gibt. Niemand sagt uns, wie die Auferstehung Jesu genau vonstattengegangen ist. Wir haben nur Erzählungen von Menschen, die dem Herrn nach seiner Auferstehung begegnet sind – Menschen, denen der auferstandene Herr erschienen ist. Es handelt sich um Menschen, die dem auferstandenen Herrn begegnet sind oder, besser gesagt, denen die Gnade einer Begegnung mit dem auferstandenen Herrn zuteilgeworden ist. Und doch gibt es da noch etwas klarzustellen.

Es ist heute gemeinhin anerkannt – ich denke, es lohnt sich, daran zu erinnern –, dass es sich bei der Auferstehung nicht um eine Auferweckung handelt. Auferstehung heißt nicht einfach, dass ein Toter ins Leben zurückkehrt. Einige stellen sich die Auferstehung wie eine Wiederbelebung vor: Der, der tot war, beginnt wieder zu atmen. Wenn es so wäre, könnte Jesus keine absolut einzigartige Auferstehungserfahrung für sich geltend machen, denn vor ihm war bereits Lazarus auf diese Weise wiederauferweckt worden. Wir sagen aber nicht, dass Lazarus auferstanden ist. Ist Lazarus später noch einmal gestorben? Ich hoffe, ja; wenn nicht, wo ist er dann jetzt? Er müsste uralt sein. Ganz sicher ist er ein zweites Mal gestorben. Als nach der Auferweckung des Lazarus von den Toten viele zum Glauben an Jesus kamen, dachten die Hohepriester, die Pharisäer und die Schriftgelehrten darüber nach – so erzählt es das Johannesevangelium –, Lazarus zu töten. Vielleicht ist es ihnen gelungen, ihn zu töten. So oder so ist Lazarus ein zweites Mal gestorben. Auch die Tochter des Jaïrus wurde ins Leben zurückgebracht. Jesus sagte: »Was lärmt und weint ihr? Das Kind ist nicht tot, sondern es schläft« (Mk 5,39). Ich denke, dass auch dieses Mädchen zu einer Frau herangewachsen und irgendwann gestorben sein wird.

Doch wir verkünden etwas anderes. Uns geht es hier nicht nur um Wiedererweckung, sondern um Auferstehung. Die Auferweckung ist eine Rückkehr ins Leben. In was für ein Leben? In das irdische, historische Leben. Das alltägliche Leben mit seiner Arbeit, seiner Routine, seinen Krisen. Dorthin kehrt man zurück, wenn man auferweckt worden ist. Wenn ich Vorträge halte, frage ich die Zuhörer: »Wer von euch will in den Himmel kommen?«, und viele heben die Hand. Doch wenn ich frage: »Wer von euch will heute Nacht in den Himmel kommen?«, dann hebt niemand die Hand. Im Grunde wollen wir nicht auferstehen, sondern auferweckt werden. Wir wollen diese Welt nicht verlassen. Der Glaube der Christen bekennt, dass Jesus auferstanden ist. Die Art und Weise, wie der heilige Paulus und andere Autoren sie verkünden, drängt uns zu einem tieferen Glauben an diese Auferstehung.

In einer Sicht auf die Auferstehung stimmen wir mit von Balthasar überein: Jesus – der, der vom Vater gesandt wurde, vom Vater kam, sich selbst erniedrigte und seine Sendung erfüllte – kehrt nach Beendigung seiner Mission zum Vater zurück. Jetzt lebt Jesus im Angesicht des Vaters. Seine Auferstehung ist keine bloße Rückkehr ins irdische, sondern die Hineinnahme in ein neues Leben in der Gegenwart des Vaters, der die Fülle des Lebens ist. In der Rückkehr zum Vater werden das menschliche Leben Jesu und alles, was sich darin zugetragen hat, weder verneint noch ungeschehen gemacht. Alles, was Jesus gesagt und getan hat, hat der Vater genommen und angenommen, bestätigt und zu einem Teil der Ewigkeit gemacht, und es wird nie mehr sterben. Es wird nicht vergehen. Es wird weder von der Sünde berührt noch vom Tod überwältigt werden. Es wird für immer Bestand haben. Das ist das Leben, das vollkommene Zufriedenheit schenkt.

Als Jesus in den Schoß des Vaters zurückkehrte, so schreibt ein Autor, müsse der Vater von Neuem gerufen haben: »Dieser ist mein geliebter Sohn!« Am Kreuz hatte Jesus gesagt: »Vater, warum hast du mich verlassen? Wo bist du?« Mit der Auferstehung wird die Antwort verkündet, auf die er gewartet hatte: »Du bist mein Sohn, und ich bin sehr zufrieden mit dir. Dein Leben wird ewig gegenwärtig sein. Es wird kein Ende mehr haben. Es wird nicht von der Sünde berührt werden.« Es ist ein immerwährendes Leben, denn es ist jetzt ein von Gott verherrlichtes und angenommenes Menschenleben: Es gehört jetzt zum Reich Gottes, zum inneren Leben Gottes.

Das Ereignis der Auferstehung hat sich in der Geschichte zugetragen, ist aber, da wir von Ewigkeit sprechen, zugleich metahistorisch, das heißt, es geht über die Geschichte hinaus. Der Hebräerbrief erklärt, dass das Kreuzesopfer Jesu sich im himmlischen Heiligtum vollzogen habe. Wir überschreiten die Grenze zwischen Erde und Himmel, zwischen Zeit und Ewigkeit. Wenn ihr den Eindruck habt, dass ich um Worte ringe, dann liegt das daran, dass es sich um ein schwieriges Thema handelt. Denn wie können wir mit unserem begrenzten Verstand, mit unserer begrenzten Wahrnehmung über die Ewigkeit sprechen? Können wir die Ewigkeit vielleicht erfassen? Deshalb herrscht in der Bibel Stillschweigen über die Auferstehung, darüber, wie Jesus eigentlich von den Toten auferstanden ist. Und wir sind glücklich über dieses Stillschweigen, das uns anzeigt, dass dort etwas geschehen ist, das wahrscheinlich alles übersteigt, was je ein Mensch aufschreiben kann. Vielleicht übersteigt es sogar alles, was Menschen denken und sehen können. Wie ihr in der Osternachtfeier und auch morgen sehen werdet, wird die Auferstehung mit einem großen Aufgebot an Symbolen gefeiert. Das ist das Einzige, was wir uns erlauben können, um die Auferstehung darzustellen: Symbole.

Es wird Finsternis geben und Licht. Die Osternacht wird im Dunkeln beginnen, und dann wird das neue Licht entzündet werden. Wir lassen die Symbole sprechen. Wir werden Wasser verwenden, ein Symbol des Lebens und der Läuterung. Es wird zahlreiche Lesungen geben, von der Schöpfungserzählung bis hin zur Erzählung von der Befreiung des Volkes Israel, von Abraham bis hin zu Jesus: die gesamte Symbolik der Geschichte und dessen, was Gott in der Geschichte zur Erfüllung bringt. Es wird in dieser Nacht Lieder im Überfluss geben. Und natürlich werden wir das größte aller Lieder anstimmen, das *Exsultet*. Seit zwanzig Jahren singe ich als Priester das *Exsultet* und kann es immer noch nicht auswendig. Immer wieder vergesse ich die Worte, und jedes Mal, wenn ich es singe, bin ich ergriffen und zu Tränen gerührt – wenn man an die Stelle kommt, wo alle Ereignisse der Vergangenheit aufgezählt werden, die zu dieser Auferstehung geführt haben; wo daran erinnert wird, dass dieser Mensch gedemütigt und geschmäht worden ist; und wo Gott sogar für die Sünde Adams gepriesen wird: »Oh glückliche Schuld, welch großen Erlöser hast du gefunden!« Wenn ihr diesen Hymnus singt und die Spannung fühlt, wie singt ihr ihn? In welcher Stimmung seid ihr? Seid ihr glücklich? Seid ihr traurig? All das ist Teil der Symbolik, und euer Verstand kann nicht alles davon fassen.

Ostern ist ewig. Es wird niemals alt. Wir besingen es jedes Jahr. Wir müssen es geradezu singend feiern. Manche tanzen sogar. Morgen werden wir diesen *Encuentro* haben, wo der schwarze Schleier der Jungfrau von einem Mädchen gelüftet werden wird, das wahrscheinlich nervös und ängstlich ist, wenn es da auf seinem Bambusgerüst steht.[1] Ostern ist voller Symbole. Ein einziges genügt nicht. Jedes Jahr werden es mehr, aber auch so bleiben wir arm: Es gelingt uns nicht, das Geheimnis der Auferstehung Jesu voll und ganz zu erfassen. Die Vervielfachung der Symbole lässt uns nur begreifen, dass wir von Jahr zu Jahr ärmer werden. Wie lässt sich das Mysterium der Auferstehung wirklich erfassen?

Wichtiger für unsere Zwecke ist es, sich bewusst zu machen, dass die Auferstehung meta-historisch ist. Wir stehen an der Schwelle zur Ewigkeit. Aus der Schrift wissen wir jedoch auch, dass dieses Ereignis in den Lebensläufen bestimmter Menschen neue Geschichten erzeugt hat. Es geht nicht nur um Jesus, der von den Toten auferstanden und in das ewige Reich des Vaters eingegangen ist. Auf-

1 Der Verfasser bezieht sich auf einen typischen, auf den Philippinen verbreiteten Brauch, der ursprünglich aus der spanischen Stadt Cáceres stammt und *Encuentro*, »Begegnung«, genannt wird (*Salubong* auf Tagalog). Er findet am Ostersonntag vor Sonnenaufgang statt und stellt die Begegnung zwischen dem auferstandenen Jesus und seiner Mutter Maria dar. Eine Jesus- und eine Marienstatue werden in getrennten Prozessionen (die Männer folgen Jesus, die Frauen Maria) durch die Straßen getragen und begegnen einander schließlich an einem Ort – meist dem Vorplatz einer Kirche –, der *Galiläa* genannt wird. Die Marienstatue ist zum Zeichen der Trauer in Schwarz gehüllt und wird vor ein Podium getragen, wo ein als Engel verkleidetes Mädchen das *Regina Coeli* singt. Nach dem Hymnus lüftet das Mädchen den Schleier der Jungfrau, weil ihr Schmerz mit der Auferstehung des Sohnes ein Ende hat. (*A. d. R*)

grund der Auferstehung Jesu machen Menschen die Erfahrung eines neuen Lebens und neuer Geschichten. Es stimmt, dass allein Jesus die Erfahrung der Auferstehung gemacht hat, aber er hat diese Erfahrung nicht für sich behalten. Es ist ein Geheimnis, das sich, insbesondere, wenn wir getauft sind, auch im Herzen unseres Lebens findet.

Sehen wir uns an, wie die Auferstehung Jesu Christi in den Lebensläufen der Menschen neue Geschichten geschaffen hat – dann werden wir unseren Glauben bestätigt finden, dass die Auferstehung real ist: Jesus ist wahrhaft auferstanden. Letztlich wird die Auferstehung Jesu nicht durch bloße Worte, sondern dadurch verkündet, dass das auferstandene Leben Jesu die Macht hat, neue Geschichten hervorzubringen. Das ist die Art von Verkündigung, die unsere Welt heute braucht. Es ist leicht, zu erklären: »Er ist auferstanden!« Aber wenn wir unser Leben in Augenschein nehmen, dann sieht es nicht so aus, als gäbe es darin neue Geschichten. Viele Menschen fragen: »Ist er wirklich von den Toten auferstanden? Lebt er noch immer?« Wo ist die Auferstehung, wenn keine neue Geschichte zu sehen ist?

Ich werde zunächst bei den biblischen Personen verweilen, und ich bin sicher, dass sie in euch eine Saite zum Klingen bringen. Und im Anschluss wollen wir unser Alltagsleben und unsere alltäglichen Erfahrungen mit der Auferstehung Jesu Christi betrachten.

Biblische Personen

Die beiden Emmausjünger

Ich möchte mit den beiden Jüngern beginnen, die unterwegs nach Emmaus sind (Lk 24,13–35) – zwei Jünger, von denen einer, einigen Bibelwissenschaftlern zufolge, wahrscheinlich eine Frau gewesen ist. Als die beiden Jünger zu Hause ankommen, lädt einer Jesus ein, bei ihnen zu bleiben. Einige Exegeten sind der Ansicht, dass es nach damaligem Brauch Sache der Frau war, Gäste ins Haus einzuladen. Also könnte einer der Emmausjünger eine Frau gewesen sein.

Die Geschichte beginnt mit der ganz normalen Erfahrung der Entmutigung. Die beiden Jünger waren zutiefst demoralisiert, beinahe verzweifelt. Sie hatten gehofft, dass Jesus der Erlöser, der Befreier Israels sein würde, und stattdessen hatte man ihn umgebracht. Überdies waren Gerüchte im Umlauf, dass sein Grab leer war. Ich bin sicher, dass wir alle die Erfahrung der Mutlosigkeit kennen. Wir fühlen uns durch die Probleme mit der Wirtschaft, mit dem Frieden in der Welt oder mit der Umwelt entmutigt. Manchmal belasten uns die Schwierigkeiten in der Beziehung zu unserem Ehepartner und zu unseren Kindern. Wenn ihr demoralisiert seid, dann seid ihr auf dem Weg nach Emmaus. Und vielleicht sehnt ihr euch nach jemandem, mit dem ihr reden könnt – nicht nach einem, der euch verhört, sondern nach einem, der sich aufs Zuhören versteht.

Die alltägliche Erfahrung der Enttäuschung ist der Anfang einer Emmaus-Erfahrung: Du bist unterwegs, und irgendwann holt dich jemand ein, einer, der scheinbar nicht wichtig ist, ein Fremder. Wenn wir das Evangelium lesen, wissen wir, dass dieser Mann der auferstandene Herr ist.

Seine Auferstehung ist ein Geheimnis, das wir nicht bis ins Letzte begreifen können. Aber wenn er uns einholt, dann tut er dies bewusst unauffällig. Er kommt in ganz normalen Zeiten zu uns, wenn wir uns niedergeschlagen fühlen und gerne darüber reden möchten. Er kommt und gibt sich wie jemand, der keine Ahnung hat: »Worüber sprecht ihr?« Und ihr lasst erst einmal Dampf ab: »Bist du der Einzige, der nicht über diese Dinge Bescheid weiß?« Der auferstandene Herr gibt sich wie ein Fremder, wie jemand, der nach außen gleichgültig wirkt und den die dramatischen Ereignisse in Jerusalem allem Anschein nach kaltlassen. Und aus dieser scheinbaren Unwissenheit heraus sagt er zu ihnen: »Ihr begriffsstutzigen Narren! Was, glaubt ihr, habt ihr verstanden?« Es ist der auferstandene Herr, der ihnen diese Frage stellt. »Versteht ihr es wirklich? Ist euch eigentlich klar, was hier vor sich geht?«

Die Situation hat sich in ihr Gegenteil verkehrt. Der Fremde, der unwissend zu sein schien, offenbart den Jüngern jetzt ihren Mangel an Verständnis, und er greift dabei auf die Schrift zurück. Ausgehend von den Propheten und vom Gesetz des Mose erklärt er ihnen alles, was über ihn gesagt worden ist. Dieser Fremde erleuchtet ihren Verstand und erwärmt ihre Herzen mit der Wahrheit über sich selbst. Der Auferstandene, der ein Fremder ist, erklärt ihnen, wer er wirklich ist – niemand sonst wird dies tun: kein Bibelforscher, kein großer Theologe, nicht einmal ein Bischof.

Der Fremde bleibt zum Brotbrechen, der symbolischen Geste des Teilens. Das Brot wird gebrochen, um geteilt zu werden: bei den Juden ein häusliches Ritual. Das Familienoberhaupt nimmt das Brot, spricht den Segen, preist Gott. Mit ebendiesem Akt des Gotteslobs hört das Brot auf, gewöhnliches Brot zu sein, und wird zum Symbol der

Gegenwart und der Liebe Gottes. Der auferstandene Herr wird am Brechen des Brotes, am Teilen des Brotes erkannt. Die Jünger begreifen: »Es ist der Herr!« Und er entschwindet.

Das ist das Schöne an der Emmaus-Erfahrung, die so alltäglich und so bescheiden ist. Ein augenscheinlich unwissender Fremder führt die Jünger Schritt für Schritt zur Erkenntnis und zum Begreifen. Ihre Bitternis, ihre Entmutigung verwandelt sich in ein Brennen der Herzen: »Brannte uns nicht das Herz?« Doch der Moment des Widererkennens tritt erst ein, als sie einen Akt des Teilens mitangesehen haben. Sie haben den Herrn gesehen, dessen ganzes Leben ein Teilen gewesen ist: Er hat sich selbst geteilt, sein Leben, sein Blut. Die Theologen bezeichnen das Leben Jesu als eine Proexistenz: Er hat *für die anderen* gelebt. Er hat ein Leben der Fürbitte, ein Leben zugunsten der anderen gelebt. Keinen einzigen Moment lang hat Jesus für sich gelebt, nicht einmal die wenigen Male, in denen er innehalten musste, um sich auszuruhen. Als er die Menge sah, die ihm folgte, verzichtete er darauf, sich auszuruhen, und begann wieder zu predigen, weil sie Schafe waren, die keinen Hirten hatten.

Es ist bedeutsam, dass der auferstandene Herr entschwindet, sobald die Jünger ihn gesehen und erkannt haben: Die Jünger sind jetzt nicht länger darauf angewiesen, ihn mit ihren Augen zu sehen. Sie haben ihn bereits mit ihrem Glauben gesehen. Die Erzählung endet mit einer Mission. Die beiden Jünger kehren nach Jerusalem zurück, um den Aposteln zu berichten, was geschehen ist, dass sie den Herrn gesehen haben. Das ist eine ganz normale Reaktion, und doch wurde hier eine neue Geschichte geschrieben. Der auferstandene Herr hat die Geschichte dieser Jünger verwandelt: Aus Unwissenheit wird Verständnis, aus Entmutigung ein Brennen des Herzens, aus der Rückkehr nach Hause ein Aufbruch in die Mission. Die Begegnung mit dem auferstandenen Herrn ist der Beginn einer neuen Geschichte.

Maria aus Magdala

Ein anderes Beispiel, eines unserer liebsten: Magdalena. Eine gewöhnliche Frau, die, wenn man nach unseren Vorurteilen gehen will, sogar einen schlechten Ruf hat. Johannes 20,1–18 schildert eine anrührende Szene, in der Maria aus Magdala voller Hingabe und Liebe und mit dem großen Mut einer Mutter, Schwester und Frau zum Grab geht, um den zu besuchen, der ihr seine bedingungslose Liebe erwiesen hatte. Es war gefährlich, zu diesem Zeitpunkt zum Grab zu gehen; Jesus war zwar getötet worden, doch die Behörden wollten die ganze Bewegung derer zerschlagen, die ihm nachgefolgt waren, und so waren die anderen Jünger noch immer in Gefahr. In ihrer tiefen Hingabe jedoch überwindet Maria aus Magdala jegliche Furcht; die Gefahr bedeutet ihr nichts. Also macht sie sich auf den Weg zum Grab und nimmt Salböle mit, um dem, der sie geliebt hat, noch einmal ihre Liebe zu erweisen. Niemand hatte sie wirklich lieben können, nur einer hatte ihr gezeigt, was es bedeutet, zu lieben. Wohin soll Maria gehen, um dem Einzigen zu begegnen, der sie je geliebt hat? Natürlich an sein Grab. Und dort entdeckt sie, dass das Grab leer ist.

Genau wie die beiden Jünger auf dem Weg nach Emmaus ist Maria aus Magdala eine gewöhnliche Frau, die sich danach sehnt, Liebe und Zuneigung zu schenken. Sie sieht zwei Engel. Doch sie ist so besorgt und traurig, weil sie den Leichnam Jesu nicht gefunden hat, dass sie die beiden Boten nicht erkennt. Zuweilen sind wir alle wie Maria. Wenn wir uns allzu sehr um viele Dinge sorgen, sehen wir die Engel nicht, die vor uns stehen. Marias Blick war getrübt, weil sie den Leichnam eines Toten suchte und weinte. Die beiden Engel waren tüchtige Ratgeber, doch Maria ließ sich nicht so einfach einen Rat geben … Sie richten eine Frage an sie, die sie auf die richtige Spur bringt. »Frau, warum weinst du? Warum?« Damit wird Maria zur Wurzel ihres Leidens geführt und gibt die richtige Antwort: »Weil man meinen Herrn weggenommen hat und ich weiß nicht, wohin man ihn gelegt hat.« Die Engel versuchen ihr begreiflich zu machen, dass sie nach einem Leichnam, einem Toten sucht.

Und dann erscheint Jesus. Genau wie in der Geschichte mit den beiden Emmausjüngern beginnt die Begegnung mit einem Nicht-Erkennen. Maria ist zu beschäftigt mit ihrer Suche und ihren Tränen, um Jesus wiederzuerkennen. Der sie als der beste aller Ratgeber fragt: »Frau, warum weinst du? Wen suchst du?« Hier macht Maria aus Magdala einen Fehler. Wenn sie innegehalten und sich gefragt hätte: »Ja, was suche ich denn eigentlich?«, dann wäre sie zu dem Schluss gekommen, dass sie einen Leichnam suchte. Stattdessen fällt sie ein vorschnelles Urteil: »Herr, wenn du ihn fortgetragen hast, sag mir, wohin du ihn gelegt hast.«

Bernard Lonergan hätte, wenn er dabei gewesen wäre, wahrscheinlich gesagt, dass Maria eine Stufe im normalen menschlichen Erkenntnisprozess übersprungen hat: Statt von der Erfahrung zur Einsicht, sodann zum Urteil und schließlich zur Entscheidung zu gelangen, folgt bei ihr das Urteil unmittelbar auf die Erfahrung. Jesus wollte sie zum Begreifen hinführen: Was suchst du? Wenn du einen Toten suchst, dann wirst du für immer in der Entmutigung verharren. Ich bin hier, ich, der dich führt. Halt einen Moment inne, Maria, halte inne. Was suchst du? Du suchst einen Toten, aber der Tote ist nicht mehr da.

Wieder erscheint der Herr als ein gewöhnlicher Mensch. Ihr werdet seine verherrlichte Person nicht auf Anhieb erkennen. Er wird euch unweigerlich wie ein einfacher Aufseher vorkommen, ein Gärtner. Wie geschieht die Begegnung? Auf ganz einfache Weise. Der auferstandene Herr sagt: »Maria!« Maria Magdalena hört sich erneut beim Namen gerufen: »Maria!« Ich vermute, dass niemand diesen Namen so aussprechen konnte, wie Jesus ihn ausgesprochen hat: so sanft, so zärtlich. Daran hat Maria ihn erkannt. »Niemand ruft mich in dieser Weise, nur mein Herr.« Das genügte. Es brauchte keine langen Erklärungen. Nur ein Wort, das ein Name war, ihr Name: »Maria!« Da erkannte sie den Herrn. Sie erkannte ihn, als er sie mit dem Wort »Maria« sich selbst zurückgab.

Sehr oft vergessen wir unsere Namen, nennen die Menschen nicht beim Namen. In dieser Begegnung geschieht das, was Jesus über den Guten Hirten und seine Schafe gesagt hatte. Er hatte erklärt: »Ich bin der gute Hirt. Meine Schafe kennen meine Stimme.« Weil sie die Stimme ihres Hirten kennen, werden sie keiner anderen Stimme folgen. Deshalb feiern wir den Sonntag des Guten Hirten in der Osterzeit. Der Gute Hirte ist der auferstandene Herr. In diesem Moment erkennt Maria als ein gutes Schaf aus der Herde die Stimme ihres Hirten. So beginnt für diese in Tränen aufgelöste Frau, die verzweifelt versuchte, einen Leichnam zu finden, eine neue Geschichte. Jetzt haben wir es mit einer Frau zu tun, die sich selbst gefunden hat und den Anspruch erhebt, Maria zu sein. Sie sucht nicht länger nach dem Körper eines Toten, denn der wahre, der wirklich lebendige Leib steht hier vor ihr.

Wie die beiden Emmausjünger wird auch Maria zur Missionarin. Der auferstandene Herr sendet sie aus: »Geh (…) zu den Brüdern und sag ihnen: Ich gehe hinauf zu meinem Vater und euerem Vater, meinem Gott und euerem Gott.« Und sie geht – nicht mehr, um an den Gräbern zu weinen, sondern um lebendige Menschen aufzusuchen. Es ist bezeichnend, welche Nachricht sie verkündet. Sie sagt nicht: »Der Herr ist auferstanden«, sondern: »Ich habe den Herrn gesehen!« Die Botschaft erwächst aus einer Erfahrung, einer Begegnung. Es ist leicht, zu sagen: »Christus ist gestorben. Christus ist auferstanden. Christus wird wiederkommen.« Sehr viel schwerer ist es dagegen, zu sagen: »Ich habe Christus am Kreuz gesehen.« Warst du dabei, als sie meinen Herrn gekreuzigt haben? Warst du dabei, als Jesus als der Auferstandene im Garten erschienen ist? Können wir sagen: »Ich habe den Herrn gesehen, ich habe die Kreuzigung gesehen«? Maria aus Magdala kann es sagen: »Ich habe ihn gesehen. Ich habe ihn gesehen.«

Eine neue Geschichte. Deshalb haben die Kirchenväter Maria aus Magdala die Apostelin der Apostel genannt. Sie war es, die den Aposteln die gute Nachricht überbracht hat. Einige sagen, der erste Apostel sei eine Frau gewesen. Maria ist diejenige, die den Aposteln die gute Neuigkeit von der Auferstehung überbracht hat. Sie hat die evangelisiert, die bis an die Grenzen der Erde ausgesandt werden würden, um das Evangelium zu verkünden. Was für eine Laufbahn! Aus einer bemitleidenswerten, ungeliebten Frau mit einem schlechten Ruf, an der alle Anstoß nahmen, ist eine mutige und vom Geist erfüllte Apostelin geworden. Eine neue Geschichte, geschrieben in einer schlichten Begegnung, in deren Mitte ein einziges Wort steht, das ein Name ist: »Maria.«

Petrus

Die Geschichte (Joh 21,1–19) entspinnt sich gleich nach dem wunderbaren Fischfang, als die Jünger die ganze Nacht auf dem See verbracht, aber nichts gefangen hatten und der auferstandene Herr zu ihnen gesagt hatte: »Werft das Netz auf der rechten Seite des Bootes aus; dann werdet ihr etwas fangen.« Es folgten der wunderbare Fischfang und der Moment des Wiedererkennens durch den Jünger, den Jesus liebte: »Es ist der Herr!« Sie erkannten den Herrn und kehrten ans Ufer zurück, wo sie gemeinsam aßen. Wieder geschieht etwas ganz Gewöhnliches: ein Frühstück mit gegrilltem Fisch und ein wenig Brot – gewiss kein Festmahl. Eine einfache Mahlzeit an einem bescheidenen Ort, dem Arbeitsplatz einiger Fischer. Der Ort der Begegnung ist das Ufer des Sees, Schauplatz alltäglicher Mühen und Plagen. Hier fragt Jesus Petrus dreimal: »Simon, Sohn des Johannes, liebst du mich mehr als diese?«

Die Frage lautet nicht einfach: »Liebst du mich?« Das wäre schon schwierig genug gewesen. Die Worte, die hinzukommen, machen alles noch schlimmer: »Liebst du mich mehr als diese?« Es gibt zahlreiche Auslegungen. Mir gefällt die folgende am besten: »Liebst du mich mehr, als diese anderen Jünger mich lieben?« Mit anderen Worten: »Petrus, ist deine Liebe zu mir die größte? Wenn ich die Herzen all dieser Jünger öffnen würde, fände ich dann in deinem Herzen die größte Liebe zu mir?«

Ich denke, dass diese Frage in den Kontext von Johannes 13 gehört, wo Jesus zu den Jüngern sagt: »Wohin ich gehe, dorthin könnt ihr nicht kommen.« Jesus kannte seine Jünger. Er wusste, dass sie ihm nicht folgen konnten. Petrus aber fragte ihn: »Herr, wohin gehst du?« Jesus wusste und antwortete ihm: »Wohin ich gehe, dorthin kannst du mir jetzt nicht folgen.« Petrus ließ nicht locker: »Warum kann ich dir jetzt nicht folgen?« Er war nicht gerufen und antwortete dennoch. Und fügte hinzu: »Mein Leben will ich für dich hingeben.« Im selben Johannesevangelium erklärt Jesus: »Eine größere Liebe hat niemand als die, dass er sein Leben für seine Freunde hingibt« (Joh 15,13). Wenn Petrus also sagt: »Ich will mein Leben für dich hingeben!«, dann behauptet er damit im Grunde genommen: »Herr, ich bin dein bester Freund. Wenn du unsere Herzen öffnen würdest, fändest du in meinem die größte Liebe zu dir.« Doch Jesus entgegnet: »Du willst dein Leben für mich hingeben? Ich kenne dich, Petrus. Du wirst mich verleugnen. Du wirst dein Leben retten und mich verleugnen.« Natürlich hatte Jesus recht.

Einige Kapitel später begegnen sie einander erneut, und der auferstandene Herr nimmt den Gesprächsfaden wieder auf: »Petrus, liebst du mich mehr als diese?« Hier schält sich ein neuer Petrus heraus. Bei jener ersten Begegnung hatten wir es mit einem stolzen, einem selbstsicheren Petrus zu tun. Einem Petrus, der sich als Erlöser des Erlösers aufspielte: »Mein Leben will ich für dich hingeben!« So war Petrus vor der Auferstehung. Die Ereignisse nach der Auferstehung haben ihn Demut gelehrt, haben ihn beschämt. Jetzt bringt Petrus nur mit Mühe ein »Ja, Herr, ich habe dich lieb« über die Lippen. Dreimal antwortet er: »Herr, du weißt, dass ich dich lieb habe.« Petrus kann sich nicht mehr darauf verlassen, dass er sich selbst gut genug kennt. Er muss auf das vertrauen, was Jesus über ihn weiß. In dieser Hinsicht ist Petrus ein anderer Mensch geworden. So, wie Jesus auferstanden ist, ersteht hier ein neuer Petrus. Demütiger und gedemütigt, aber auch bescheidener. Dreimal sagt Jesus zu ihm: »Weide meine Lämmer, weide meine Schafe.« Eine neue Mission hat begonnen. Eine neue Geschichte.

Ein neuer Mensch mit einer neuen Mission. Jetzt wirst du dich um meine Schafe kümmern. Aber eines muss klar sein, Petrus: Es sind *meine* Schafe. Es sind nicht deine Schafe, die ich dir gebe, es sind meine. Ein neues Bild wird gezeichnet. Jesus wagt eine größere Deutlichkeit, als er Petrus aufträgt, seine Schafe zu weiden. Der Apostel wird alles daransetzen, er wird hart arbeiten und arm bleiben. Die Schafe werden ihm nie gehören. Er wird für sie sterben, aber er wird nie eines besitzen, er wird gar nichts besitzen. Reiner Dienst, kein einziges Schaf wird dir gehören. Aber die Begegnung endet mit dem Wort, auf das Petrus schon so lange gewartet hat; es endet damit, dass der auferstandene Herr zu ihm sagt: »Folge mir!«

Alltägliche Menschen

Heute Nacht werden wir in der Feier ein gewöhnliches Feuer haben, gewöhnliches Wasser, gewöhnliche Blumen, gewöhnliche Kinder. Die Priester, die die Messe zelebrieren werden, sind gewöhnliche Menschen. Doch in diesen alltäglichen Symbolen, alltäglichen Menschen, alltäglichen Lebensläufen wird uns der Himmel und wird uns die Ewigkeit begegnen. Die Osternacht heute Nacht und den Auferstehungssonntag morgen feiern wir in einer Zeit, die nicht die beste ist. Dennoch sagt uns unser Glaube, dass Jesus wahrhaft auferstanden ist. Ich hoffe, dass ihr alle, die ihr an diesem Einkehrtag und seinen Liturgiefeiern teilgenommen habt, sagen könnt: »Ich habe den Herrn gesehen. Ich habe ein Stückchen vom Paradies gesehen. Ich habe in meiner gewöhnlichen Zeit, in meinem alltäglichen Leben einen Strahl der Ewigkeit aufleuchten sehen.«

Erlaubt mir nun, euch ein bisschen für die österlichen Erfahrungen im Leben der alltäglichen Menschen zu sensibilisieren. Ich will die Spur der beiden Jünger auf dem Weg nach Emmaus, der Maria Magdalena und des Petrus weiterverfolgen und euch einige Geschichten von Begegnungen mit dem auferstandenen Herrn erzählen, die Auferstehungserfahrungen und neue Geschichten erzeugt haben.

Einmal bin ich gerufen worden, um an einer ganz normalen Schule anlässlich der Vergabe der Diplomzeugnisse die Messe zu feiern. Irgendwann wurde mir bewusst, dass es bei dieser Feier um eine Gruppe von Frauen ging, die aus der Prostitution kamen. Ein Orden hatte ihnen geholfen, sich freizukaufen und ihre alte Lebensweise aufzugeben. Diesen Frauen waren menschliche und spirituelle Bildung, aber auch Techniken vermittelt worden, um Kompetenzen zu erwerben. Die Ordensschwestern hielten sie nun für stark genug, in die Welt hinauszugehen, und hatten deshalb die Zeugnisvergabefeier organisiert. Ich fungierte während der Messe als Hauptzelebrant. Anstelle der Predigt wurden die Diplomandinnen gebeten, der Gemeinde ihre Lebensgeschichten zu erzählen. Eine von ihnen war aus Japan emigriert und zur Prostitution gezwungen worden. Eine andere war als junges Mädchen von ihrem Vater an ein Bordell verkauft worden. Es waren sehr bedrückende Geschichten.

Die älteste Frau aus der Gruppe werde ich niemals vergessen. Ihre Erzählung begann so: »Ich habe meine Karriere als Prostituierte begonnen, aber als ich dann älter wurde, habe ich die Rollen getauscht und selbst Prostituierte angeworben. Ich habe viel Geld verdient und ein Bordell nach dem anderen eröffnet.« Ihre Stimme hatte einen harten

Klang. Dann fuhr sie fort: »Ich weiß nicht, warum mir diese Nonne über den Weg laufen musste.« Sie schien geradezu verärgert.

»Ich weiß nicht, warum mir diese Nonne über den Weg laufen musste.« Es war ein alltägliches Ereignis, eine normale Begegnung. Die Diplomandin machte eine Pause und fing an zu weinen. »Heute Abend werde ich nach General Santos City abreisen, um dort ein Haus zu eröffnen. Nicht, um Prostituierte zu rekrutieren, sondern um sie zu rehabilitieren. Und ich habe nicht den Eindruck, dass ich ein anderer Mensch geworden bin. Ich werde weiterhin Häuser führen, aber eine andere Art von Häusern. Das ist zu schön, es ist zu schön.« Und dann machte sie die Runde durch den Saal und umarmte jede der Schwestern. Ich kenne diese Schwestern, es sind alltägliche Frauen, aber durch sie erscheint der auferstandene Herr. Mit dieser Frau hat eine neue Geschichte begonnen. Eine neue Hoffnung. Ich glaube, sie hat ein echtes Talent, Frauen anzuwerben, und ich bin zuversichtlich, dass sie dieses Talent in General Santos dazu nutzen wird, viele Prostituierte auf den Weg zu einer neuen Schule und einem neuen Leben zu bringen.

Einer der schwierigsten Fälle in meiner Karriere als geistlicher Begleiter war der eines Freundes, dessen Schwester vergewaltigt worden war. Ich habe diese Geschichte früher schon einmal erzählt: Die junge Frau war aus beruflichen Gründen viel unterwegs und auf einer dieser Reisen überfallen und vergewaltigt worden. Während eines Einkehrtags kam dieser Freund zu mir und sagte: »Ich möchte den Herrn fragen, warum er meine Schwester nicht beschützt hat. Warum war er nicht da, um ein so unschuldiges und wehrloses Mädchen zu beschützen? Warum?« Was hätte ich ihm antworten sollen? Ich sagte zu ihm: »Bete. Bete weiter.«

Ich weiß nicht warum, aber ich gab ihm den Text von den beiden Emmausjüngern zur Betrachtung. Für mich war er ein Mensch, der von Jesus enttäuscht war, ein Mensch, der all seine Hoffnung in Jesus gesetzt hatte und diese Hoffnung jetzt durch das Böse, das seiner Schwester angetan worden war, zerstört sah. Tags darauf erzählte er mir, dass Gott ihm auf seine Fragen mit einer Gegenfrage geantwortet habe: »Wie hätte ich deiner Schwester helfen sollen? Wie hätte ich sie vor all der Gewalt schützen sollen? Ich war dort, wehrlos wie sie. Deine Schwester war nicht allein. Ich war bei ihr, habe mit ihr gelitten und konnte ihr nicht helfen. Ich konnte nicht.«

Ich weiß nicht, ob diese Aussage theologisch korrekt ist, aber für meinen Freund war sie ausreichend. Für ihn und seine Familie begann eine neue Geschichte. Er fing an, seinen Eltern, seinen Brüdern und seinen Schwestern zu sagen: »Beruhigt euch. Ich habe den Herrn gesehen. Und unsere Schwester hat den Herrn gesehen.« Wenn ich diese Familie heute treffe, dann strahlen alle Frieden aus. Ein neues Leben ist aufgekeimt, eine neue Mission. Mein Freund fühlt sich jetzt besonders zu den Opfern hingezogen. Er ist für sie ein Diener der Hoffnung, keiner von jenen, die sich auf zornige, verzweifelte und gewaltsame Weise für die Opfer einsetzen. Er hat eine neue Mission, aber er kommt ihr mit großer Hoffnung nach. »Ich habe den Herrn gesehen, und meine Schwester hat den Herrn wirklich gesehen.«

Erlaubt mir zum Abschluss eine persönliche Erinnerung. Ich bin vor wenigen Monaten zum Bischof geweiht worden und diese Geschichte ist so neu, dass sie mich noch immer beschäftigt. Ich bin eingeladen, diesen neuen Menschen zu umarmen. Wenn ich an die Ereignisse zurückdenke, dann wächst in mir die Überzeugung, dass sich darin wohl mehr oder weniger die Auferstehung manifestiert hat.

Ich erinnere mich noch deutlich, dass ich am 17. Oktober, dem Fest des heiligen Ignatius von Antiochia, in Cebu war. Der Kardinal Ricardo Vidal hatte mich eingeladen, vor den Bischöfen der Visayas-Inseln zu sprechen, die zur Pastoralversammlung zusammengekommen waren. Mein Vortrag sollte um 10.30 Uhr beginnen, und um zehn Uhr tranken wir einen Kaffee. Kardinal Vidal wurde von seinem Sekretär informiert, dass ihn jemand am Telefon zu sprechen wünsche. Er entschuldigte sich und ging. Als er zurückkam, sagte er zu mir: »*Hoy*, Chito, da ist auch ein Anruf für dich.« Ich fragte ihn, wer es sei. »Derselbe, der mit mir gesprochen hat, will auch mit dir sprechen.« – »Aber wer ist es?« – »Der in Manila.« Ich nahm den Hörer. Am anderen Ende der Leitung war der Sekretär des apostolischen Nuntius, der mich fragte, wann ich wieder in Manila sein würde. »Heute Abend«, antwortete ich. »Es gibt ein paar theologische Fragen zu besprechen.« Ich dachte an das Paket mit den Dokumenten für das Treffen der theologischen Kommission in Rom, das ich erwartete, und sagte: »Gott sei Dank, die Materialien sind schon eingetroffen. Ich komme sie holen. Heute Abend ist wahrscheinlich viel Verkehr, vielleicht komme ich besser morgen Vormittag vorbei.« Der Sekretär bestand jedoch darauf, dass ich noch am selben Abend kommen sollte. »Wir werden sehen«, sagte ich, »ich komme auf jeden Fall.« Ich verließ Cebu am Nachmittag und fragte den Taxifahrer am Flughafen, ob in Manila viel Verkehr sei. Er verneinte, und so entschied ich, direkt zur Nuntiatur zu fahren.

Sobald ich den Sekretär sah, platzte ich heraus: »Wie kommt es, dass ihr immer theologische Probleme habt, über die ihr nachdenken müsst? Warum erzeugt ihr am laufenden Band theologische Fragestellungen?« Dann sagte ich ihm: »Ich bin müde. Ich bin es müde, zu forschen. Ich bin es müde, zu schreiben. Die theologischen Fragen nehmen nie ein Ende.« Er rief aus: »Aber das hier ist ein wirklich neues theologisches Problem: Der Heilige Vater will, dass Sie Bischof von Imus werden.« Ich starrte ihn an. Er sprach weiter, aber fragt mich bitte nicht, was er gesagt hat, bei mir ist nichts davon angekommen. Ich hörte ihn, aber ich hörte nicht zu. Am Ende hielt er inne und fragte ungeduldig: »Also, was sagen Sie dazu? Was sagen Sie dazu?« Ich machte den Mund auf, um zu sagen: »Das geht nicht«, aber ich brachte keinen Laut über die Lippen. Dann brach ich in Tränen aus. Der Sekretär reichte mir ein Glas Brandy und lud mich ein, mit ihm zu Abend zu essen. Nach dem Abendessen gingen wir zurück in den Empfangssaal, und er fragte mich wieder: »Was sagen Sie dazu?« Ich antwortete: »Ich will nach Hause.« Und ging nach Hause.

An diesem Abend war ich demoralisiert, enttäuscht von der Kirche, empört über Gott. Ich konnte nicht begreifen, was da geschah. Ich ging auf mein Zimmer, und während ich die Koffer auspackte, fiel etwas auf den Boden. Ich hob es auf und dachte, mich trifft der Schlag.

Als ich zum Flughafen von Cebu aufgebrochen war, war mir John Du, der Bischof von Dumaguete, begegnet und hatte mich gefragt: »Chito, wieso bist du nicht zu meiner Amtseinführung nach Dumaguete gekommen?« Ich antwortete: »Du hast mich nicht eingeladen.« In Wirklichkeit hatte er mich sehr wohl eingeladen, aber ich hatte die Einladung nie bekommen. Er sagte: »Ich werde meinen Sekretär danach fragen, aber mach dir keine Sorgen. Auch wenn du nicht dabei sein konntest, habe ich eine Erinnerung für dich. Zum Glück habe ich es bei mir.« Es war ein Brustkreuz, wie die Bischöfe es tragen. Ich versuchte abzulehnen: »Warum gibst du mir das?« – »Einfach so«, versetzte er. »Das ist das letzte Souvenir, das ich noch habe.«

Auf der Fahrt vom Flughafen zur Nuntiatur hatte ich dieses Brustkreuz im Koffer gehabt. Als es herausfiel und ich es aufhob, dachte ich: »Mein Gott, warum das?« Am liebsten hätte ich es weggeworfen.

Am darauffolgenden Tag wurde ich erneut in die Nuntiatur gebeten. Der Sekretär des Nuntius sagte mir, der Vatikan habe um halb zwei in der Nacht angerufen und sich erkundigt, was mit mir los sei. Als ich den Mund aufmachte, um etwas zu sagen, brach ich erneut in Tränen aus. Der Sekretär gab mir wieder ein Glas Brandy. Dann lud er mich zum Mittagessen ein. Nach dem Essen sagte er zu mir: »Wenn Sie Nein sagen wollen, steht Ihnen das frei. Wenn es gewichtige Gründe gibt, abzulehnen, werden wir Ihr Nein akzeptieren. Aber wenn es keine gewichtigen Gründe gibt, müssen Sie auf Ihr Gewissen hören.«

Und dann machte ich eine Auferstehungserfahrung. Auf geheimnisvolle Weise fühlte ich mich beim Namen gerufen wie Maria aus Magdala. Ich kehrte zu mir zurück. Ich war umhergeirrt und hatte nach toten Körpern gesucht, unzählige Projekte geleitet, doch als der Auferstandene erschienen war, hatte ich ihn nicht erkannt. Ich hatte gedacht, es sei bloß ein Gärtner, bis er mich beim Namen rief. Ich sagte dem Sekretär des Nuntius: »Nur im Glauben und aus Liebe zur Kirche nehme ich an, aus keinem anderen Grund. Nur aufgrund des Glaubens und der Liebe. Nur deshalb.« Er sah mich an und fragte: »Dann ist das ein Ja?« – »Ja«, antwortete ich. Da rief er aus: »Für Sie beginnt eine neue Geschichte.«

Es gibt Augenblicke, in denen ich spüre, dass ich meine neue Geschichte noch nicht voll und ganz akzeptiert habe.

Wenn ich die verschiedenen *Baranggay* (Stadtviertel, *A. d. R.*) besuche, drückt mir immer irgendein alter Mensch die Hand und sagt zu mir: »Herr Bischof, das ist das erste Mal, dass ich einen Bischof sehe.« Oder: »Das ist das erste Mal, dass ich einem Bischof die Hand drücke.« Ich fange an zu zittern, wenn jemand so etwas zu mir sagt.

Letzte Nacht hatten wir eine Prozession, und ich habe mich entschlossen, nur zuzusehen: vom Fenster eines der Häuser aus, an denen die Prozession vorüberzog. Ich habe mich bewusst dagegen entschieden, mitzugehen, denn wenn die Leute mich gesehen hätten, wäre das der reinste Kreuzweg für mich gewesen. Auf dem Rückweg zur Kathedrale haben sie mich ständig angehalten. Sie haben mir die Hände geküsst. »Herr Bischof, bitte berühren Sie meinen Rosenkranz.« – »Bischof, bitte leg mir die Hände auf, ich habe Krebs.« – »Bischof, bitte fass mein Ohr an, ich höre auf dieser Seite nicht gut.« – »Bischof, schenk mir ein Lächeln.« Bischof hier, Bischof da!

Eine neue Geschichte. Ich weiß, dass sie nicht für mich bestimmt ist. Der Herr versucht mir klarzumachen, dass meine neue Geschichte in gewisser Weise dazu beitragen kann, neue Geschichten für die anderen zu schreiben. Das ist sehr schmerzhaft. Die Auferstehung geschieht tatsächlich mit dem Abstieg zu den Toten. Aber sie geschieht.

Ich weiß, dass meine persönliche Auferstehungserfahrung nichts ist im Vergleich zu dem, was viele von euch erfahren haben. Ich bin sehr glücklich über dieses Triduum, mein erstes als Bischof. Es ist Gnade über Gnade. Es ist eine viel reichere Ausgießung des Geistes, als mein Kopf und mein Herz fassen können. Es ist ein neues Leben, eine neue Geschichte. Auf diesem Weg – durch die Alltäglichkeit des Lebens, des Essens bei Tisch, der Maria, des Petrus, der beiden Emmausjünger und durch unser aller Alltäglichkeit – zählt nur eines: dass, wenn der auferstandene Herr erscheint, wir ihn alle sehen können. Ich hoffe, dass wir uns alle von ihm auf diese unnachahmliche Weise beim Namen gerufen hören können. Dass wir unsere Namen hören können. Dass wir innehalten können und unsere Geschichte eine neue Geschichte der Mission wird. Dass uns nicht nur der Ruf eint: »Der Herr ist auferstanden«, sondern auch die Verkündigung: »Wir haben den Herrn gesehen.«

Himmlischer Vater, wir werden dir niemals genug danken können! Der Auferstandene erscheint uns, dein Sohn, der aus uns weiterhin die Söhne und Töchter macht, die du verdienst. Er begleitet uns in unseren Momenten der Entmutigung. Er begleitet uns, wenn wir weinen, wenn wir hierhin und dorthin laufen, wenn wir suchen, was tot ist. Er begleitet uns in unseren Demütigungen. Er begleitet uns an unseren Arbeitsplätzen. Er begleitet uns als auferstandener Herr und lädt uns ein, sein neues Leben zu teilen, damit für uns, für unsere Familien, für unser Land eine neue Geschichte entstehen kann. Wir werden die Tiefe dieses Mysteriums niemals ausloten können, doch eines ist gewiss: Für uns kommt es darauf an, die neuen Geschichten und die neue Mission zu leben, die der Auferstandene uns schenkt. Öffne unsere Herzen. Mach uns großzügig. Gib uns die Begeisterung der Maria Magdalena. Gib uns die Demut des Petrus. Gib uns die brennenden Herzen der Jünger auf dem Weg nach Emmaus. Dann werden wir vielleicht auch außerhalb der Osterzeit mit Worten und Werken und als Missionare verkünden: »Wir haben den Herrn gesehen. Es ist der Herr!«

Redaktionelle Hinweise

Die Texte von Luis Antonio Gokim Kardinal Tagle, aus denen sich der vorliegende Band zusammensetzt, stammen aus Vorträgen, die der Autor zwischen 2000 und 2014 gehalten hat. Die entsprechenden Nachweise sind im Folgenden zusammengestellt.

S. 7–18: »Das Wagnis, Gott zu sagen« – Ansprache bei der feierlichen Vergabe der Abschlusszeugnisse an der *Loyola School of Theology*, Loyola Heights, Quezon City, 13. März 2002.*

S. 19–40: »Am Brunnen von Sychar« – Vorlesung im Rahmen des Seminars »Proclaiming the Joy of the Gospel as Renewed Evangelizers in Asia: for Bishops, Priests & Formators«, einer Veranstaltung des Klerus-Büros der Föderation der asiatischen Bischofskonferenzen (FABC) in Pattaya (Thailand), 10. bis 15. November 2014 (Teil I).

S. 41–52: »Die Herzen entzünden« – Vorlesung im Rahmen des Seminars »Proclaiming the Joy of the Gospel as Renewed Evangelizers in Asia: for Bishops, Priests & Formators«, einer Veranstaltung des Klerus-Büros der Föderation der asiatischen Bischofskonferenzen (FABC) in Pattaya (Thailand), 10. bis 15. November 2014 (Teil II).

S. 53–68: »Zu Aposteln berufen« – Vortrag während der Theological Hour an der *Loyola School of Theology*, Loyola Heights, Quezon City, 20. September 2000.*

S. 69–89: »Das Antlitz Jesu« – Auffrischungsvorlesung für das christologische Seminar an der *Loyola School of Theology*, Loyola Heights, Quezon City, 24. April 2001.*

S. 91–111: »Die Isolation aufbrechen« – Betrachtung am Karsamstag während des Triduums der Karwoche an der *Loyola School of Theology*, Loyola Heights, Quezon City, 30. März 2002.*

S. 113–129: »Den ›Minderheiten‹ dienen« – Erstveröffentlichung unter dem Titel »Der Auftrag der Kirche gegenüber Minderheiten«, in: *Zeichen unter den Völkern. Die prophetische Kraft christlicher Minderheiten*, Missio, München 1996, S. 83–86.*

Auch veröffentlicht in: Landas 14 (2000), S. 129–139.

S. 131–145: »Ein inklusives Wachstum« – Vorlesung im Rahmen der »5th Ricardo J. Romulo Lecture Series on Business an Society«, Makati City, Manila, 3. September 2013.

S. 147–172: »Eine neue Hoffnung« – Betrachtung am Karsamstag während des Triduums der Karwoche an der *Loyola School of Theology*, Loyola Heights, Quezon City, 30. März 2002.*

---

* Dieser Text wurde veröffentlicht in: Luis Antonio G. Tagle, DD *»It is the Lord!«. Occasional lectures at Loyola School of Theology*, Loyola School of Theology, Manila 2003.